青少年体力活动干预的社会生态模型
构建研究

苏美华◎著

电子科技大学出版社

University of Electronic Science and Technology of China Press

· 成都 ·

图书在版编目（CIP）数据

青少年体力活动干预的社会生态模型构建研究／苏
美华著. — 成都：电子科技大学出版社，2021. 8
　ISBN 978-7-5647-9197-1

　Ⅰ. ①青… Ⅱ. ①苏… Ⅲ. ①青少年－体育锻炼－研
究 Ⅳ. ①G806

　中国版本图书馆 CIP 数据核字（2021）第 174642 号

青少年体力活动干预的社会生态模型构建研究
QINGSHAONIAN TILI HUODONG GANYU DE SHEHUI SHENGTAI MOXING
GOUJIAN YANJIU
苏美华　著

策划编辑　唐祖琴
责任编辑　李雨纾

出版发行　电子科技大学出版社
　　　　　成都市一环路东一段 159 号电子信息产业大厦九楼　邮编 610051
主　　页　www. uestcp. com. cn
服务电话　028-83203399
邮购电话　028-83201495

印　　刷　成都市火炬印务有限公司
成品尺寸　170mm×230mm
印　　张　13. 25
字　　数　238 千字
版　　次　2021 年 8 月第一版
印　　次　2021 年 8 月第一次印刷
书　　号　ISBN 978-7-5647-9197-1
定　　价　78. 00 元

前　言

　　21世纪是世界全球化极速扩张的时代，更是中国飞速发展和崛起的关键时期。众所周知，青少年是国家和民族的希望，青少年的健康成长是关乎国家发展与民族复兴的大事。新时期的中国已经在经济、科技等方面取得了长足的进步，为我国青少年的体力活动与健康成长打下了良好的基础，也为青少年热爱体育运动奠定了基调。

　　21世纪的中国想要完成民族复兴的宏伟事业，就要重视青少年的健康成长，2007年发布的《中共中央　国务院关于加强青少年体育增强青少年体质的意见》明确指出："青少年时期是身心健康和各项身体素质发展的关键时期。青少年的体质健康水平不仅关系个人健康成长和幸福生活，而且关系整个民族健康素质，关系我国人才培养的质量。"但是近些年来，我国青少年的健康水平与身体素质呈现出来的始终是下降的趋势。与同龄的国外青少年相比，我国青少年在近视率、肥胖率等方面的指标始终居高不下，我国青少年的体力活动不足与身体素质下降已经成为普遍现象。尽管我国已制定并颁布了一系列的政策对上述现象进行干预，但是上述现象并没有得到较大的好转。这不仅对我国青少年的健康成长与全面发展产生了不利影响，同时还可能在未来制约我国体育事业的发展、国民身体素质的整体提高。

　　针对上述问题，本书将分为五个章节进行研究与论述。第一章的内容是体力活动与健康概述，将从体力活动、健康以及青少年成长发育概述作为出发点，进而对我国青少年健康现状与发展趋势和体力活动对青少年健康的影响进行论述。第二章的内容是青少年体力活动及生态学环境现状，重点围绕青少年体力活动及其生态学环境全球概览、青少年体力活动研究现状等方面进行研究与阐述。第三章的内容为青少年体力活动影响因素与健康评测，将对青少年体力活动影响因素和青少年体力活动与健康评测等方面进行分析与论述。第四章的内容是对青少年体质健康干预路径展开研究，将对青少年体质健康的学校、社会、家庭、运动干预路径以及青少年体力活动等方面进行分析和阐述。第五章的内容为青少年体力活动社会生态系统分析及模型构建，重点分析了我国青少年体力活动社会生态系统，并对我国青少年体力活动促进社会生态系统模式构建进行了研究。

在撰写本书的过程中，笔者参考了大量的相关学术文献，并得到了许多专家学者的帮助，在此表示真诚感谢。本书内容系统全面，论述条理清晰、深入浅出。但由于作者水平有限，书中难免存在疏漏之处，希望广大同行、读者及时指正。

苏美华

2020 年 12 月

第一章　体力活动与健康概述

体力活动是影响人类健康最为基础、最为重要的因素之一。世界卫生组织已经指出：21 世纪青少年少动行为将成为非传染性慢性疾病的诱因之一。本章将对体力活动概述、健康概述、青少年成长发育概述、我国青少年健康现状与发展趋势以及体力活动对青少年健康的影响进行研究与阐述。

第一节　体力活动概述

一、体力活动的概念

体力活动（Physical Activity，PA），也译为身体活动，是指所有由骨骼肌收缩而导致身体能量消耗增加的体力活动。体育活动包括人们的生产活动、生活活动、休闲活动、体育锻炼和竞技体育等。按照不同的标准，体育活动可以分为以下几种：（1）根据运动时肌肉的力学特点，可以分为动态活动和静态活动；（2）根据运动时肌肉的代谢特点，可以分为无氧活动和有氧活动；（3）根据运动的性质，可以分为家务活动、休闲型活动、职业性活动和交通活动，这是当前最常见的体力活动划分方法。

将体力活动的强度和时间相乘，可得出该时段的体力活动量。通常所说的体力活动量指一周的活动总量，因此还需要将一周的体力活动频率纳入其中。体力活动量可以采用 KCal、MET-min 或 MET-H 来表示，MET（Metabolic Equivalent of Energy）相当于安静时人体的平均耗氧量（3.5ml/（kg·min）），即安静时人体每千克体重每分钟消耗 3.5 毫升的氧气。

MET 的中文名称为"代谢当量",又译作"梅脱"。将一段时间内的体力活动量除以总时间可以得出体力活动水平(Physical Activity Level,PAL),相当于这段时间内的平均体力活动强度。

体育锻炼(Exercise)和普通的体力活动不同,它是一种有组织形式、有计划的休闲体育活动,通过各种体育锻炼方法,达到改善身体健康水平、提高运动能力的目标。因此,体育锻炼也可以称为健身体育活动,其内容包括健身健美运动、娱乐休闲体育和民族传统体育等。

非健身性体力活动则是指活动强度较低、健身价值较小的体力活动,通常其频率较高,持续时间较长,主要包括坐姿体力活动和站姿小幅度的身体活动等。著名运动生理学家 Brooks 指出:任何能耗超过基础代谢水平的体力活动,无论是娱乐性质还是职业性质、无论是有意还是无意的,都可以提高人们的体力活动水平。尽管如此,非健身性体力活动的健康效益仍远不及长时间中高强度体育锻炼。

为了更好地指导日常健身及体力活动的相关研究,1993 年 Barbara Ainsworth 在大量实验研究的基础上发布了《体力活动概要》,2000 年又对其进行了扩充和改进。新《体力活动概要》包括 605 种体力活动类型,对不同体力活动进行了编码和强度界定,得到了运动科学和公共卫生领域专家的广泛认可,许多体力活动调查研究都借助这一工具推算体力活动量和体力活动水平。

流行病学研究表明,随着工业化、城市化和智能化进程的深入,人类的体力活动水平迅速下降,静态生活方式(Sedentary Lifestyle)蔓延,如何有效提高人类体力活动水平成为运动科学领域面临的重大课题。最近的研究表明,全球体力活动不足的情况有所增加。体力活动不足的增加与技术进步有关,包括电视、计算机、移动设备和电子游戏的广泛使用。在美国,只有 42% 的 6~11 岁儿童符合 WHO 的体力活动指南,大约 14% 的青少年报告说自己经常不运动,而 12~19 岁的年轻人中只有 8% 达到建议的 PA 水平,另外有 30% 的成年人在闲暇时间未参与足够的 PA。体力活动不足的患病率随年龄增长而增加。据报道,25% 的年轻人(18~44 岁),33% 的中年人(45~64 岁),36% 的老年人(65~74 岁)和 53% 的高龄老年人（75 岁以上）体力活动不足❶。2007 年 Marc T. Hamilton 首次提出了体力活动不足生理学（Inactivity Physiology）的理论设想，2012 年 Steven N Blair 在其著作《Physical Activity and Health》（第二版）中采用独立章节进行了阐述，该理论认为，静坐少动在生物学上不仅仅表示体力活动不足，该行为方式能迅速激发强烈的细胞和分子信号，并引发相关的负面生理反应。

二、体力活动的构成与内容

（一）体力活动的构成

体力活动包括 FITT 四个参数，即 F：Frequency，活动频率；I：Intensity，活动强度；T：Time，持续时间；T：Type，活动种类。如图 1-1-1 所示。

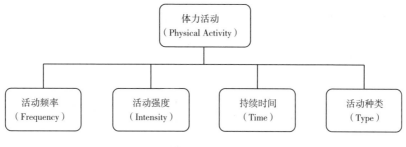

图 1-1-1　体力活动的构成参数

（1）活动频率指一定时间段内进行体力活动的次数。

（2）活动强度指单位时间内活动能量消耗与静息能量消耗的比值，通常用单位 MET 表示。

（3）持续时间指个体参与体力活动所用的时间。对儿童与青少年而言，其体力活动持续时间。

（4）活动种类是指体力活动的形式。其获取方式通常采用体力活动量

---

❶ Elizabeth Anderson, J. Larry Durstine. Physical activity, exercise, and chronic diseases: A brief review. Sports Medicine and Health Science, 2019, 1（1）：3 - 10. DOI：10.1016/j.smhs.2019.08.006.

表、体力活动日志、访谈或直接观察等。目前，大部分学者认为将体力活动分为工作学习中的体力活动、日常生活中的家务劳动、休闲时间的体育活动及交通中的体力活动四个方面更为合理，即将体力活动分为职业性体力活动、家庭性体力活动、休闲性体力活动和交通性体力活动四种类型。其中，休闲性体力活动可进一步细分为比赛性体育项目、体育锻炼及娱乐活动（如徒步旅行、骑脚踏车）等。

（二）体力活动形式及内容

随着社会的发展，人们的饮食习惯及生活方式发生了很大的变化（表1-1-1、表1-1-2）。这些变化集中反映出人们的体力活动随着社会及科技发展而逐渐减少的趋势，随之而来的是人们的健康受到威胁。❶ 21 世纪以来，体力活动不足已经成为全球第四大死亡风险因素。

表 1-1-1　过去与现在饮食习惯的对比

内容	过去	现在
工作方式	手工化，以体力劳动为主	机械化、自动化、脑力劳动、久坐行为多
娱乐方式	看电影、看电视、打牌、体育锻炼	看电影、看电视、打牌、体育锻炼、上网、电脑游戏
饮食方式	1. 自然水； 2. 粗粮、豆类； 3. 农家养猪、牛、羊、禽； 4. 天然动植物油； 5. 农家种植蔬菜； 6. 家庭就餐，饮食规律	1. 纯净水、蒸馏水、饮料； 2. 精细面粉、抛光米、豆粉； 3. 大型养殖场（鸡、鸭、猪等）； 4. 精制油； 5. 大型暖房种植（用化肥、农药、特殊添加剂）； 6. 吃得好、营养少；喝酒多，吃饭少；早餐不吃，中午凑合，晚饭撑饱

---

❶ 阿斯亚阿西木，刘艳，何志凡. 成都市中小学生日常生活身体活动情况［J］. 中国学校卫生，2013（6）.

表 1-1-2 过去与现在生活方式的对比

内容		过去	现在
生活条件	耕作	畜力、人力	机械
	劳作	手工锯、钳	电动工具
	交通	步行、骑马	汽车、火车、飞机
	信息传递	人力、牲畜	信息、电话
	取暖	柴草	电力、天然气等
	日常生活	爬楼梯、人工扫地、拖地等	电梯、洗碗机、吸尘器等
出行方式		自行车、公交车、步行等	自行车、公交车、私家车、火车、电动车等

（三）体力活动的强度

按照活动强度划分，体力活动可以分为低强度、中强度、高强度体力活动三类。

（1）低强度体力活动：日常生活活动，如洗衣做饭，逛街购物等，这些都是低体力活动，一般不会增加心跳或出汗。

（2）中强度体力活动：会加快心跳，出汗，如慢跑、跳舞、瑜伽、骑自行车等。

（3）高强度体力活动：心跳更快，呼吸困难，出汗更多，如踢球、打篮球、跑步、游泳等。

表 1-1-3 不同强度体力活动的能量消耗

参数	低强度	中强度	高强度
METs［mL／（kg·min）］	<3.0	3.0～6.0	>6.0
热卡（Kcal/min）	<3.5	3.5～7.0	>7.0
最大摄氧量［mL／（kg·min）］	≤50%	50%～60%	60%～80%

注：METs，Metabolic Equivalent Task Score，代谢当量评分，中文音译为"梅脱"，是指运动时代谢率的倍数，1MET 是指每千克体重从事 1 分钟活动消耗 3.5 毫升的氧，其活动强度相当于健康成人安静坐位时的代谢水平。

（四）体力活动干预的相关理论基础

对儿童青少年体力活动干预相关理论进行分析，可以帮助我们从多个角度了解儿童青少年健康促进的影响因素，分析不同的社会生态环境、丰富多彩的生命活动对儿童青少年健康发展的影响。

（1）社会生态学理论。该理论强调个体与环境的相互作用，认为个体的观察和学习等行为是在一个多维的环境系统中相互作用而形成的，特别是受社会环境、自然环境和自身内部环境的影响。因此，有必要围绕个体层面、人际层面、组织层面、社区层面和政策层面构建促进我国儿童青少年身体健康发展的策略，并挖掘家庭、学校、社区、企业、媒体、公共政策等不同系统之间的关联，同时寻求它们之间的合作，为儿童青少年的健康构建良好的社会环境。

（2）健康行为改变理论。该理论是综合多种理论，系统研究个体行为改变的跨理论研究模型。它认为人们健康行为的改变不是一蹴而就的，而是分阶段、循序渐进的，主要过程可以分为意向前期、意向期、准备期、行动期和维持期五个阶段。因此，在促进我国儿童青少年体育健康时，应该结合所有可能改变健康行为的活动，通过不同的方法和途径，进行科学、有效的干预，提升儿童青少年的身体健康意识，帮助他们掌握改善健康生活方式的方法。

（3）生命过程理论。该理论主要研究重要的社会变化对个人生活与发展的影响，可以结合发挥心理、运动、环境等诸多优势，促进儿童青少年身体健康水平的提高。根据这一理论，构建我国儿童青少年体育健康促进发展战略时，应该运用可发展、动态的、多维度的视角，审视儿童青少年持续性的成长过程，重视儿童青少年在不同社会环境下进行身体活动的各种联系，并强调社会生态环境与校内外日常活动的深度融合。

（4）社会学习理论。该理论解释了个体如何在社会环境中学习，以及他们获取社会知识、经验、行为规范和技能以满足社会需求的过程。它将个体的观察学习分为注意、保持、运动再现和动机四个过程，强调个体在学习过程中的作用。基于这一理论，有必要营造积极健康的支持环境，关注儿童和青少年的体育学习和行为改变过程，在构建我国儿童青少年体育健康促进发展战略时，帮助儿童青少年养成可持续的健康意识和行为习惯。

（五）不同国家促进青少年体力活动的策略

由于生活方式的改变，缺乏体力活动已经成为一种普遍现象，它不仅存在于我国，也存在于其他国家。为预防和解决这个问题，各个国家和地区都提出了相应的策略。

1. 日本

一方面，日本出台了一些法令法规（如《体育振兴法》）强制性规定学校体育课时、必修体育项目及全民锻炼日。学校不仅基本上每天都有体育课，并且不论寒冬酷暑，体育课只允许穿短袖 T 恤和短裤。因此，日本 40% 以上的学生都能达到每天锻炼两小时的标准。另一方面，为保证学生的营养膳食健康与安全，日本出台了《学校营养午餐法》等法规，自上而下全面掀起"一杯奶强壮一个民族"运动，并实行全国统一配餐。

2. 韩国

韩国体育教育最显著的特点是强调学生的团队合作和健康的人格发展。体育课主要针对团队运动，如跳绳、足球和篮球。体育课注重培养尊重对手和裁判的精神，禁止侮辱对手和裁判，培养学生的体育比赛礼仪。除了常规的体育课外，学校还设有各种丰富的校园体育俱乐部，包括跆拳道、篮球、游泳、瑜伽等。学生可以选择自己喜欢的体育俱乐部，在业余时间参加活动。此外，俱乐部还定期举办全国或地区性质的体育比赛。2012 年 2 月 6 日，教育部为了增加学生们的体育锻炼时间，将中小学体育课增加到每周 4 小时，校园体育俱乐部每周也必须定期活动 1～2 小时。韩国为促进学生的体力活动，还提出了"小老虎健身计划"。

3. 新加坡

在新加坡中小学里，学生的课业负担并不轻，但是为了保障学生们有足够的时间参加体育运动，学校每天下午两点以后都安排了课外活动时间。2014 年，300 多所学校拥有自己的室内体育馆，为学生参加体育运动创造了更多的物质条件。

新加坡体育课通常每周一节，每节一小时。体育课前，首先要进行热身练习，练习项目一般为慢跑和身体各部分拉伸等，慢跑练习通常为 1400～1600 米。体育课内容很丰富，有曲棍球、篮球等。新加坡体育课有多名擅长不同体育项目的教师，这样不仅可以让学生接受专业的训练，还能有效保障学生体育锻炼的安全。

4. 澳大利亚

在青少年体育活动方面，澳大利亚政府从各方面给予扶持。在政府、学校、课外服务中心、企业、体育组织、俱乐部、社区的共同努力下，参与该计划的学校由 2005 年的 900 所增加到 2007 年的 3250 所，以前不参加体育锻炼的学生有 85% 开始参与体育活动，学生平均每周体育活动的时间从 1.5 小时增加到 2.9 小时……计划实施一年就取得了明显的效果。中学课外活动在 9：00～15：30 的学习结束后进行，可选择在校内或校外的体育社区进行体育锻炼。在校内，一般情况下是由本校或外聘专业教师依托校内设施开展课外活动，但更多的是由学校以外的专门从事课外活动的机构组织实施。学校组织的一般性、普及性课外活动不收取任何费用，但特殊培训和专长培训要收取一定的费用。校外所有的社区都建立了体育俱乐部。澳大利亚有各项体育俱乐部 3.5 万个，涵盖 140 多个运动项目。不少学生在假期参加俱乐部体育活动，开学后在学校参加活动。大多数俱乐部，通常适合从 5～18 岁所有年龄段的参与者。大部分青少年经历了俱乐部不同年龄段的活动，经历了项目从改变到定型的发展阶段。许多学生会选择一个他们在俱乐部参加过的体育项目，加入学校运动队。小学生一般在放学后由家长送到社区进行体育锻炼，教练往往就是一位学生的家长。周六一般安排社区间的比赛。❶

5. 加拿大

加拿大于 2016 年发布了世界第一个儿童青少年 24 小时活动指南——《加拿大儿童青少年 24 小时活动指南：融合身体活动、久坐行为和睡眠》。儿童青少年每天进行几个小时的结构化和非结构化的低强度身体活动；每天至少 60 分钟以上的 MVPA，每周不少于 3 次的剧烈的身体活动和肌肉力量训练；每天不超过 2 小时的娱乐屏幕时间，限制久坐时间。为鼓励儿童参与更多的体力活动，加拿大政府要求 10 岁以上的孩子每天至少有 60 分钟的运动时间，10 岁以下的孩子每天至少有 30 分钟的运动时间。加拿大政府实行了一系列的退税措施，规定由学校组织的课余活动费用可直接用于退税。不仅如此，由家庭成员支付的儿童体育活动费用，凭借活动举办

---

❶ 曹燕. 澳大利亚学校体育教育简介［J］. 基础教育参考，2010，(4)：32-36.

机构出具的税单也可以享受退税。

　　课余时间，还有免费的体育俱乐部，学生可以参加活动，提高某些运动技能。同时，通过体育课和比赛，学校还举办校内比赛和校际联赛，教会学生如何锻炼身体、保持身体健康。学生参加学校运动队时，学校将承担比赛服装、比赛等费用，包括聘请学校专业教练进行比赛训练。达到一定比赛水平的学生可以加入当地的体育俱乐部进行专业的教练培训。此外，社区教育中心运行良好，学生在这里的俱乐部参加有偿体育活动，家庭享受税收减免政策。因此，父母支持、学生积极参与，课余生活丰富精彩。学校俱乐部教练包括学校体育教师、其他受过专业培训的教师、退休的职业运动员和具有专业资格的社区志愿者。他们经过认证，可以在学校俱乐部的竞争性专业培训中融入教师并与他们一起工作，结合运动技能的发展，带动学生专项运动技能的提高，有效提高竞技体育训练的效率和水平。❶

6. 瑞典

　　瑞典的学生（从小学到大学）参加体育俱乐部的现象非常普遍，60%以上的学生至少参加 1～2 个体育俱乐部。与加拿大政府鼓励儿童参与体育运动的退税政策相似，瑞典政府也对青少年参与体育活动的行为给予经济支持。不同的是，瑞典政府更看重青少年参与集体性的体育运动，如只要 5 人一起参加体育活动达一个小时，每人就可获得 17 克朗（约合 15.46 元人民币）的补助。

7. 美国

　　美国政府及相关机构在青少年体力活动及健康促进方面做出的贡献尤为突出。美国家长普遍注重体育，将体育看作教育不可缺少的一部分，从小培养孩子的"体商"。在美国，有 80% 以上青少年每天参加学校组织的体育课或课外体育活动。而且，在闲暇时间，家长陪伴孩子一起进行体育活动的现象非常普遍。

　　美国最初提出健康促进计划是源于欧洲的传统教育和体育。20 世纪 70 年代，美国开始在全国范围内制订"国民健康计划"，健康教育随之受到

---

　　❶ 陈辉. 加拿大安大略省学校体育发展的特点与启示［J］. 体育教学，2016，（11）：41-43.

美国社会各界的高度重视。1979年，美国颁布并实施了《健康公民：卫生总署关于健康促进和疾病预防的报告》，该报告为减少全国性的早逝指明方向。1980年，颁布《提高健康、预防疾病：健康公民1990》，指出随后10年内要达到的226项具体的健康与疾病预防目标。接着，美国又在1986年颁布《健康公民1990中期回顾》、在1991年颁布《促进健康、预防疾病：健康公民2000》。

直至20世纪末，美国"健康公民联盟"召开了三次全国性会议来研究与制定《健康公民2010》规划，整个过程是由美国卫生与公众服务部牵头并收集各个领域相关个人和组织的意见。《健康国民2010》是一个建立在美国最近20年的健康倡议之上的、综合的、全民的健康促进和疾病预防规划。该规划旨在促进健康，预防残疾、早逝和疾病，消除不同群体间的健康差异，这是一个简单但更高层次的目标。

早在20世纪90年代初期，美国相关机构就对体力活动与健康的剂量-效应关系做了深入研究。研究结果表明：一日内应增加30分钟的中等强度活动量，150~400千卡能量消耗，此活动量与3次10分钟中等强度活动量的能量消耗基本一致。活动方式可在室外开展（上台阶、走路、慢跑、爬山、游泳、骑车等），也可以在室内或庭院内进行。1996年美国运动医学会、美国国家疾病控制和预防中心曾联合发表声明，鼓励所有美国人每天进行30分钟中等强度活动，同时还提出了促进健康的"体力活动金字塔"，将人们日常进行的体力活动从下至上分为四层。

第一层是日常体力活动，如除草、跑步、遛狗、逛街等。每天进行数次，建议人们尽可能地用步行代替开车、坐电梯等。

第二层包括有氧运动、娱乐活动，每周3~5次，包括跑步机、步行、骑自行车、滑冰、爬楼梯、游泳、打网球、跳舞、户外旅行、滑雪等。

第三层为休闲活动、力量训练和柔韧练习，每周2~3次，包括高尔夫球、保龄球、美式足球、做园艺、举重、伸展练习、瑜伽等。

第四层为静力性活动，包括30分钟以上的看电视、聊天、打电话、玩电子游戏等，建议尽可能地少做。

该"体力活动金字塔"充分体现了体力活动的循序渐进，并以周为单位安排日常活动目标。对于静态生活者，该金字塔建议：第一步的目标是一日内有30分钟日常生活活动；第二步是逐渐增加规律性的娱乐和休闲体力活动；第三步则是要为促进心脏和呼吸系统耐力加人一些有氧运动的内容。

1999 年，美国佐治亚大学在美国运动医学会提出的"体力活动金字塔"的基础上进行了修改，提出了"体力活动金字塔"修订版，如图 1-1-2 所示。

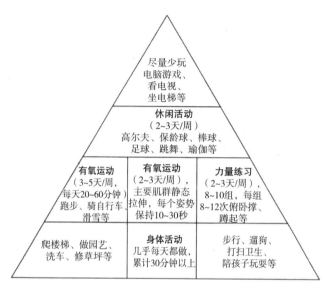

图 1-1-2　美国佐治亚大学"体力活动金字塔"

该金字塔也将体力活动分为四层，但两个金字塔第二、第三层的内容差别较大。从下向上，"体力活动金字塔"修订版的具体内容如下。

第一层：为日常的体力活动，一周可以进行数次，累加起来每天在 30 分钟以上，包括步行、做园艺、遛狗、打扫卫生、洗车、陪小孩玩耍等。这与美国运动医学会提出的"体力活动金字塔"第一层基本相同。

第二层：除保留由美国运动医学会提出的"体力活动金字塔"的第二层内容，还将第三层的力量、柔韧性训练也纳入第二层，形成有氧运动、娱乐活动、力量练习等。其中，有氧运动每周 3 ～ 5 天，每次 20 ～ 60 分钟，如跑步、骑自行车、滑冰、滑雪、爬楼梯等。柔韧练习每周进行 2 ～ 3 天，每个动作要求保持 10 ～ 30 秒。力量训练每周进行 2 ～ 3 天，每组动作重复 8 ～ 12 次，主要包括肱二头肌练习、深蹲、弓箭步练习、俯卧撑等。

第三层：仅涉及休闲活动，如打高尔夫、打保龄球、打棒球、踢足球、跳舞、瑜伽等。要求每周有 2~3 天进行练习。

第四层为静力性活动，要尽量少做，如玩电脑游戏、看电视等。

随着国外体力活动研究的深入开展，一系列的研究成果逐渐问世。这些研究成果的产生与推广，对国内相关机构及学者起到了很好的借鉴与指导作用。

该金字塔共分为五层，具体如下。

第一层为日常体力活动，每天数次，强度适中，主要有走路、爬楼梯、做园艺、做家务、上下班等，每项活动累计时间要达到 30 分钟。

第二层为柔韧练习，推荐每周 5~7 天，时间为 20 分钟以上，包括柔软体操、拉筋动作、瑜伽、八段锦等。

第三层为有氧运动和休闲运动，推荐每周 3~5 天，中等到高等强度，时间在 20 分钟以上，包括有氧舞蹈、慢跑、骑单车、游泳、登山、桌球、网球、篮球、垒球、高尔夫球等。

第四层为力量训练（肌肉适能运动），高等强度，建议每周 2~3 天，每天 1~3 组，每组重复 8~12 次，包括重量训练、仰卧起坐、弹力棒、拉力带等。

第五层为静态活动（静力性活动），尽量缩短静力性活动，每次持续的时间不要超过 1 小时。

三、青少年体力活动研究现状

体力活动可分为四种，即职业的、家庭的、休闲的和交通的。而休闲的体力活动又可分为小型竞赛类、体育娱乐活动和体育锻炼三种。

以美国为代表的世界发达国家早在 20 世纪 70 年代中期就针对青少年体力活动展开了探讨，并取得了很多重要成果。美国运动医学学会和世界卫生组织（WHO）等许多国家和组织已经发布了 PA 指南，这些指南适用于年幼的儿童、青少年、成人、老年人以及患有慢性病的人。这些准则考虑了不同的 PA 维度（模式，频率，持续时间和强度）和领域（休闲时间，运输，职业和家庭活动），以实现个性化。当前，青少年的体力活动水平参差不齐，存在明显的个体和性别差异，体力活动的水平随着年龄的增长也在不断下降。

（一）国内青少年体力活动研究现状

1. 青少年体力活动与健康关系的研究

青少年超重和肥胖与其他慢性健康问题的风险增加有关。当体重升高，特别是体重超过95百分位时，儿童和青少年患高血压的风险增加。青少年高血压的发病率在各国有所不同，但在中低收入国家发病率更高。在葡萄牙，超重/肥胖的学龄前儿童（3～6岁）中，高血压和边缘性高血压的患病率约为8%；在全球范围内，8～17岁青少年的高血压患病率约为11%，青少年的超重和肥胖也与血脂异常的风险增加有关，12～19岁超重和肥胖青少年血脂异常的患病率为20%。2008年，美国大约25%的12～19岁的青少年处于糖尿病前期。2004年至2012年，美国10～19岁儿童和青少年2型糖尿病的发病率以每年近5%的速度增长，其中年轻女孩发病率更高。

目前，研究如果将PA和锻炼作为初级保健手段融入到人的生活方式中，将能够降低慢性疾病和死亡风险。此外，一旦确诊慢性疾病，如果把PA和锻炼作为疾病管理的一部分，治疗会得到更好的效果。因此，无论是疾病预防还是治疗，PA和定期运动都能提供更高的生活质量以及长寿的可能。将PA和运动作为慢性病患者医疗管理计划的一部分，可以提高生活质量。儿童和成人进行PA和运动能够增强功能能力和肌肉力量，减轻炎症，HDL-胆固醇增加和体重下降。每天的运动预防干预措施可将CVD风险降低80%，将2型糖尿病风险降低90%，将癌症风险降低33%，并在某些情况下能够降低全因死亡率。研究表明，虽然心脏运动康复方案未对全因死亡率造成影响，但大大降低了心源性死亡率。与常规护理对照组相比，基于运动的心脏康复计划将经皮冠状动脉成形术的需要减少了19%，非致命性心肌梗塞减少了21%，并将心源性死亡率降低了26%。63项将运动方案纳入心脏康复计划的研究综述表明，心血管死亡率降低了8%～10%，再次住院率降低了26%～31%。此外，参加3～6个月心脏康复计划的心肌梗死患者的有氧功能能力提高了11%～36%，生活质量得到改善，并降低了随后发生心脏事件的风险。PA和运动所带来的健康改善不仅限于心血管系统。在开始运动后，2型糖尿病患者整体胰岛素敏感性改善，并改善了与葡萄糖代谢和胰岛素信号转导相关的骨骼肌蛋白质和酶。每天进行 PA 和运动可通过增加骨密度增进骨骼健康，这些运动干预措施可以预防和治疗骨质疏松症，减少将来发生骨折的风险。此外，PA和运动还可以改善免疫系统，使人体抵抗传染病，从而降低疾病的总体易感性。作为免疫适应的一部分，淋巴功能增强，炎症细胞的积累减少，炎症减轻。PA 和运动可诱导多个大脑区域的分子适应，改善神经功能和结构，增强学习能力，并改善健康和神经功能障碍成年人的认知能力。❶

目前，关于普通青少年人群体力活动对脂肪量或疾病风险状况有益的研究数据很少。为了有效防止皮下及内脏脂肪增多，青少年每周应该至少保持 5 小时以上的中等强度到高等强度的体力活动。另有研究表明，青少年每天保持至少 1 小时中等强度到高强度体力活动可以帮助其降低患心血管疾病和 2 型糖尿病的风险，体力活动的运动量或强度越大收益越大。所需改善的健康因素不同，改善健康的体力活动类型和运动量也就不同。学龄前儿童累积不同簇集特征 MVPA 越多，达到 HPH 的比率越高，呈现出显著的剂量-效应关系。且此种关系主要取决于中等强度体力活动（MVPA）总的积累时间，而非 MVPA 累积方式；值得注意的是，在男童中，每日累积的 MVPA 超过 65 分钟后达到高体质健康水平（HPH）的比率不再显著增加❷。不同体质青少年改善身体健康所需最小或最佳的体力活动剂量目前还没有定论。

2. 城市蔓延及社区支持环境对青少年体力活动影响的研究

虽然关于城市环境与青少年体力活动关系的研究方法很多，研究结论差异也很大，但总的来说，都是基于环境行为学理论模型来探讨城市环境感知对青少年体力活动的影响。何晓龙等人认为城市蔓延对青少年体力活动影响的研究是在城市环境与青少年体力活动关系研究基础上的新起点。通过对国内外有关城市蔓延定量测度、城市蔓延与青少年体力活动关系的研究文献进行归纳与分析、对影响青少年体力活动的地理信息指标进行系统分类发现：城市蔓延中的许多不合理的城市环境变迁会对青少年的体力

---

❶ Elizabeth Anderson, J. Larry Durstine. Physical activity, exercise, and chronic diseases: A brief review. Sports Medicine and Health Science, 2019, 1 (1): 3 - 10. DOI: 10.1016/j.smhs.2019.08.006.

❷ 全明辉, 方春意, 周傥, 李龙凯, 陈佩杰. 学龄前儿童不同簇集特征体力活动与体质健康的剂量-效应关系研究 [J]. 体育科学, 2020, 40 (03): 39-45.

活动产生不同的影响。城市蔓延主要从八个方面对青少年的体力活动产生影响，分别是就业分布、土地开发密度、土地利用特征、城市扩张形态、道路布局、空间通达性、步行可及性及景观格局。如今，我国城市化快速发展，城市面临着高密度、住房紧张、交通拥挤、环境保护等一系列问题，这些因素时刻威胁和影响着青少年的身体健康。城市化的快速扩张压缩了很多适合青少年进行活动的空间，使得青少年身体活动的空间环境日益恶劣。

在我国青少年体质健康促进过程中，体育健康环境的不平衡发展是一个必须值得关注的问题。社区周边建成环境因素是影响我国青少年健康的重要环节，如果我们对社区周边建成环境对青少年健康可能引发的各种问题不进行深入思考，或者不化解重大问题，那么就有可能导致社会疏离、公众健康、生活及行为等发生问题。因此，我们必须足够重视社区周边建成环境，将之视作与医疗卫生同等重要的关注方向。实现社区周边环境的可持续发展，是促进儿童青少年身体健康和我国健康战略全面发展的重要任务。

3. 社会生态学模型与青少年体力活动的关系的研究

苏传令（浙江大学）曾解释过国外社会生态模型的概念和结构，同时讨论了两者的关系。社会生态模型的多层次影响因素包括政策层面、组织层面、人际层面、社区层面和个人内部层面。在对中国社会生态模型的研究中，洪茯园（上海市学生体质健康监测中心）简要介绍了社会生态模式的概念，重点针对上海几所学校的青少年，探讨了影响青少年体力活动的因素，包括环境、社会支持、家庭和自我效能；赵苏喆（深圳职业技术学院）简要介绍了生态系统模型应用与身体活动行为的研究综述；李小英（华东师范大学）等人介绍了生态系统模型的理论背景及其在运动心理学中的应用，并介绍了在我国应用该模型的前景。青少年体质水平的下降和社会生态模型的强大效益，增加了国内将社会生态模型应用于青少年体育活动干预的研究，并通过实证研究完善理论，不断丰富。❶

---

❶ 苏传令. 社会生态学模型与青少年体力活动关系的研究综述［J］. 浙江体育科学，2012，34（2）：94-98，124.

（二）国外青少年体力活动研究现状

国外对于青少年体力活动的研究相对国内要早一些。最早的体力活动指南是美国运动医学会（ACSM）于 1975 年提出的分步运动测试和运动处方指南。1988 年，ACSM 还推出了儿童和青少年体育活动指南，建议青少年每天进行半小时以上的中高强度体力活动。之后，许多国家如加拿大、澳大利亚和日本等，都根据该指南制定了符合本国的体力活动指南参考。随着青少年体力活动与健康之间关系的研究不断深入，这一活动指南也随之不断更新。

国外关于体力活动的评价已形成了一些经典问卷，这些问卷在研究体力活动与健康之间的关系及评价青少年体力活动水平方面发挥了很大的作用。为了促进青少年的健康成长，许多机构都开始进行关于体力活动测量方法和健康促进指南的研究。从各国青少年体力活动促进模式的变化可以知道青少年健康促进的重要性与复杂性，同时，应区别对待青少年运动模式与成年人运动模式各国已达成共识。

国外关于青少年与体力活动的关系研究包括政策、社区、学校、人际支持和心理因素等方面。首先是个人层面，早期的传统体育活动理论主要围绕诸如自我效能、快乐、可感知的障碍、动机、信念和态度等变量。增加体力活动的乐趣不仅可以增加体力活动，还会通过自我效能感间接影响体力活动。二是人际间水平，人际关系、社会支持和社会相互作用是影响青少年体力活动参与的重要因素。已有研究表明了朋友和父母的支持对于青少年体力活动的重要性，家庭支持和同伴支持是青少年获得支持的重要途径，影响青少年参与体力活动的最大社会支持来源于其同伴，而最有影响力的行为是观看他们进行体力活动。三是社区水平，社区设计的不同也会影响青少年的体力活动，如果社区的便利性较低，青少年会在家里进行体力活动。四是组织水平，学校被认为是通过体力活动促进青少年健康的最合理环境。许多研究证实，青少年体育活动是通过学校的体育课进行的。然而，即使是最好的体育项目也不能提供足够的活动来满足健康指导方针。除了体育教育，学生还有很多机会参与体育活动。因此，增加体育课以外的体育活动，如利用课间间隔，将有助于鼓励青少年达到体育教育的标准。最后一项是政策，政策是社会生态模型的最远层次，政策对青少年体育活动的影响远大于近端水平上的变量或因素的作用。

第二节　健康概述

一、健康的概念

（一）健康的定义

传统观念认为，所谓的健康就是指"无病、无残、无伤"，抑或"健康就是没有疾病"。但是，这只是一种局限于生物医学模式的健康观念，具有明显的局限性。其最主要的表现就是造成人的社会属性和自然属性的分离，使人容易忽视教育、经济、政治、思想等社会因素，以及出现恐惧、紧张、悲伤、失落等心理障碍。

随着人们对于健康的认识逐渐深入，健康的定义从 1948 年世界卫生组织宪章（The Charter of the World Health Organization）的三维健康观发展到 1989 年的四维健康观（即健康包括身体健康、心理健康、道德健康和社会适应良好等四个维度），其间多个学者或机构对健康的内容进行了完善。❶

1986 年，WHO《渥太华宪章》针对健康提出：健康应该是一种普遍的生活资源，而不是生活的目标。健康不仅意味着个人身体健康，更是一个积极、乐观的概念，是整个社会和个人的资源。为达到身体、精神健康和社会良好适应的完美状态，每个人或人群必须有能力去认识和实现这些愿意，满足需求以及改变或处理环境。1989 年，WHO 为了将身体健康纳入健康的基本要素，提出"一个人的健康应该包括身体健康、心理健康、道德健康和良好的社会适应能力四方面。"

身体健康意味着没有生病并且有足够的能力完成各种活动。身体健康是一个人整体健康的基础。

心理健康有两个含义：一是完整的自我人格，心理平衡，有良好的控制力，能够正确评价自己，及时发现并克服自己的不足；二是在人生中有正确的目标，能够不断追求和进步。

---

❶　阿拉木图宣言［R］. 阿拉木图：国际初级卫生保健会议，1978.

道德健康意味着对自己和他人的健康负责，使个人行为符合社会的规范，注重从思想上与行为上培养高尚的道德修养，养成良好的道德行为习惯，成为品性优良的人。

良好的社会适应是指一个人的行为能够适应社会环境的变化，可以被他人理解，被社会接受，行为符合社会认同，与他人和谐相处。

20世纪末期美国学者奥林斯提出了另一种三维健康模式，认为生物、心理和社会是评价人的生命状态的三个方面，根据每个方面的健康程度，可以大致区分出八种普通人的健康类型（表1-2-1）。美利坚大学的国家健康中心又提出人体需要在身体、智力、精神、情绪和社交这五个方面都健康，才能称得上"真正的健康"，上述五个方面又可称为"健康五要素"。健康五要素之间存在相互影响的路径关系。例如，长期情绪不健康极可能会导致一系列的身体疾病，而身体不健康又会影响到人的智力、精神、社交等方面。❶

表1-2-1 奥林斯提出的八种普通人健康类型

类型	标志	身体方面	心理方面	社会方面
1	正常健康	健康	健康	健康
2	悲观	健康	不健康	健康
3	社会方面不健康	健康	健康	不健康
4	患疑难病症	健康	不健康	不健康
5	身体不健康	不健康	健康	健康
6	长期受疾病折磨	不健康	不健康	健康
7	乐观	不健康	健康	不健康
8	严重疾病	不健康	不健康	健康

（二）整体健康

20世纪90年代末，人们通过研究发现，仅仅降低患病风险、保证身体健康是不够的。健康不仅意味着良好的身体素质或没有疾病，还意味着保持健康所需的健康生活方式和良好的身心状态，"整体健康"（Wellness，

---

❶ 阿拉木图宣言［R］. 阿拉木图：国际初级卫生保健会议，1978.

又译作"全人健康"）的概念应运而生。2000 年，David · J · Anspaough 出版了《整体健康》一书，全面整理、阐述了"整体健康"的概念和内涵，它是指持续地、有意识地努力保持健康生活方式，以达到最佳的健康状态，包括身体、情感、心智、社会、环境、职业与精神共七个健康维度（图 1-2-1）。与传统健康观念相比，"整体健康"更重视各个健康构成要素之间的关系，并且重点强调健康的实践性，将健康不仅理解为一个状态，而是一个发展的过程。"整体健康"不是通过个体健康就可以实现的，还要受到社会环境的影响。因此，公共卫生领域应该同时关注个体健康和有利的社会健康环境。

图 1-2-1　整体健康的七个健康维度

（三）亚健康

"亚健康"是 20 世纪 80 年代由苏联学者布赫曼（N. Berkamn）提出的概念，它专指介于健康与疾病之间的一种生理功能低下的特殊状态，又可称为第三状态。机体虽无明确的器质性病变，但却呈现出活力降低、反应能力下降、免疫力低下、精神状态差等状态。

依据亚健康状态的症状归属，可以将其分为躯体亚健康状态、心理亚健康状态、人际交往亚健康状态以及慢性疲劳综合征四种。躯体亚健康状态主要表现为疲劳、四肢酸痛、低热、头晕等，这些症状如果未及时得到纠正，很可能发展为疾病状态。心理亚健康状态常表现为焦虑、烦躁、失眠、易怒等症状，长期处于这种状态下可能诱发高血压、心脏病、癌症等疾病。人际交往亚健康状态主要体现为人际关系不稳定、对人对事的态度冷漠、与他人之间的心理距离加大，这种状态极可能引发严重的心理问题和精神疾病。慢性疲劳综合征（Chronic Fatigue Syndrome，CFS）则是一种综合性病症，主要表现为注意力不集中、记忆力下降、睡眠障碍、关节痛等非特异性表现。CFS是亚健康最主要的表现形式，约四分之一的人可能具有慢性疲劳综合征的症状。

有学者提出，处于健康状态和不健康状态的人分别约占总人口的15%，剩余约70%都处于亚健康状态。也有调查表明，健康人群只占5%，不健康人群约占20%，亚健康人群约占75%。这部分人可能自发地向疾病状态转化，只有在进行合理干预和调节之后，亚健康状态才有可能转变为健康状态。调节方法包括加强锻炼、维持良好的生活规律、科学饮食、心理调节、纠正不良生活嗜好等。

亚健康状态可能由多种原因引起，包括社会学、心理学、环境、遗传和生活方式等因素。对我国青少年亚健康状况的研究显示，男生亚健康发生率低于女生。李建桥（重庆市沙坪坝区人民医院）通过对相关研究的综述，将影响我国青少年亚健康状况的相关因素分为社会因素、家庭因素、学校因素、个人因素四大方面，其中主要影响因素包括社会支持、就业压力、家庭经济条件、学习压力、同伴关系、不良的生活行为习惯等。我国青少年学生亚健康状况的影响因素众多且交互作用。

亚健康状态的评价方法主要为亚健康量表，代表性量表包括美国疾病控制中心亚健康诊断量表、中医亚健康临床指南、中国身心健康量表（CPSHS）等。安徽医科大学陶芳标教授等学者研发的《中国青少年亚健康多维问卷》（MASQ）是当前国内青少年亚健康评价的主流量表。

（四）体适能

1. 体适能概述

体适能译自 Physical Fitness，是半个世纪前由美国健康、体育、娱乐协会（AAHPER）提出的概念，日本学者常用"体力"来表达这一概念，而我国学者常以"体质"或"体能"来表述。2008 年版的体育科学研究生通用教材《健康体适能》将体适能解释为"人们所具有的与其完成体力活动能力有关的一组身体素质。"这与 1996 年美国健康与服务部的体适能定义相同。美国运动医学学会将体适能定义为"机体在不过度疲劳的状态下，能以最大活力愉快地从事休闲活动，以及应付不可预测紧急情况的能力和从事日常工作的能力"，并将其分为健康相关体适能（Health-Related Fitness）和技能相关体适能（Skill-Related Fitness, Performance-Related Fitness）两类。有学者认为除了以上两部分外，还应包括与基本生理功能相关的体适能（Physiologic Fitness），其要素包括形态结构、代谢能力、骨骼强韧度等，如图 1-2-2 所示。

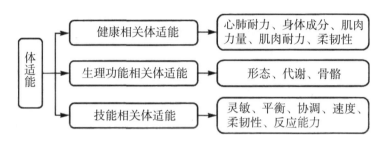

图 1-2-2　体适能的维度与要素

健康相关体适能是指那些受生活方式或日常体力活动影响、与健康状况密切相关的适能要素，通常可分为心血管适能、肌肉适能、柔韧适能和身体成分四大要素。

生理功能相关体适能主要用于医学领域，是指与维持人体基本生理功能相关的体适能要素，既与个体体力活动水平相关，又与疾病的防治密切相关，如形态结构的完整性、机体代谢功能、骨骼健康状况等。

技能相关体适能是指保持机体最佳工作状态所必需的、与个体运动能力相关的体适能要素，表现为灵敏、平衡、协调、速度、柔韧性、反应能力等。

近年来又有学者提出了体适能商（Physical Fitness Quotient, PFQ）的概念，它代表了健康体适能和技能相关体适能的综合水平，可分为健康体适能商（HPFQ）和运动体适能商（SPFO）。总之，体适能的概念与健康密切相关，是"身体活动性"和"环境适应性"的综合体现。

在"体适能"普及之前，我国学者主要采用"体质"来表述相关的概念。体质可以理解为人体的质量，是"在遗传性和获得性的基础上表现出来的人体形态结构、生理功能和心理素质的综合的、相对稳定的特征"。

如果加入身体素质和运动能力两个部分，则可以通过图 1-2-3 来理解体质的内涵。体质同样体现出对环境的适应性，因此体质与"体适能"的内涵非常接近。

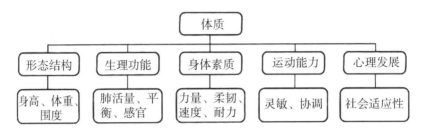

图 1-2-3　体质的内涵

2. 身体成分

（1）身体成分（Body Composition）与体脂含量。身体成分是组成人体组织、器官的总成分。由于脂肪是体重中影响健康的最重要成分之一，公共卫生领域常将体重划分为体脂重（FM）和去脂体重（FFM，亦称为"瘦体重"）。其中，FM 又可分为必需脂肪和储存脂肪两大类。男性的必需脂肪约占总体重的 3%，而女性的必需脂肪约占总体重的 12%。必需脂肪对机体正常生理功能的维持具有举足轻重的作用，大多储存在人体的神经、肌肉、骨髓、心脏、肝脏和大小肠等组织内，必需脂肪缺乏时机体健康水平会迅速下降。储存脂肪存在于主要脏器周围和皮下脂肪组织之中，起着保温、缓冲机械撞击的作用。

（2）体脂对健康的影响。体脂过少会危害青少年的健康。例如，长期处于体脂过少状态会出现身体功能失调（如月经紊乱），严重者甚至可导致死亡。20 世纪末期我国学生体质健康调查显示，相当多的青少年处于营养不足的状态，典型的表现就是身体瘦弱，体脂百分比未达标，近年来这种情况有所改善。一个人体内脂肪过多，身体也极易处于亚健康状态。腹部内脏周围储存脂肪过多的肥胖者患高血脂、高血压、心血管疾病、Ⅱ型糖尿病和中风的危险性也会增大。

3. 心血管适能

心血管适能反映由心脏、血液、血管和肺组成的血液循环和呼吸系统向肌肉运送能量物质和氧气、维持机体从事运动的能力。由于心血管适能重点强调人体的有氧功能，因此又常被称为"有氧适能"或"心血管耐力"。

心脏是心血管适能的动力器官，对全身的血液循环起着主导作用，每搏输出量、心率等指标都与心血管适能密切相关。呼吸系统主导着心血管系统与外界气体的交换，最大通气量、肺活量等是反映心血管适能的重要指标。血管和血液是运输氧气的通道和载体，同时又是排出代谢产物的重要途径，因此血红蛋白浓度、血压等指标对体力活动至关重要，儿童青少年脉搏、血压正常值范围见表1-2-2所列。

表1-2-2 青少年、儿童脉搏、血压正常值范围

指标	性别	界限	百分位数	年龄										
				7	8	9	10	11	12	13	14	15	16	17
脉搏	男	上	97	104	102	100	100	100	98	96	96	96	96	96
		下	3	72	72	70	68	68	68	66	64	64	64	62
	女	上	97	108	104	104	102	102	102	100	100	98	98	98
		下	3	72	72	72	70	70	70	68	68	66	66	66
收缩压	男	上	97	113	115	118	120	121	122	120	131	134	138	140
		下	3	86	87	88	89	90	90	91	91	95	99	100
	女	上	97	113	116	120	121	121	126	127	130	131	131	131
		下	3	86	87	88	89	90	91	91	92	94	94	95
舒张压	男	上	97	80	81	81	82	82	83	84	86	88	90	91
		下	3	51	51	51	52	53	54	55	57	60	60	60
	女	上	97	81	81	82	83	83	85	85	86	87	88	88
		下	3	51	51	51	52	54	57	59	60	60	60	60

通过心血管和呼吸系统的联动，机体得以向肌肉提供能量。如何评价机体向肌肉长时间输送能量的能力呢？最大摄氧量（Maximal Oxygen Intake，VO_2max）是一个核心评价指标。VO_2max 又称"最大有氧功率"（Maximal Aerobic Power），是指人体在进行有大肌肉群参加的力竭性运动过程中，当有氧运输系统的心泵功能和肌肉的氧利用能力达到本人的极限水平

时，在单位时间内所能摄取的最大氧量，通常以 O_2L/min 或 $O_2L/$（kg·min）来表示。

$VO_2\,max$ 绝对值（L/min）在青少年发育过程中逐渐增加，男性约在 16 岁时出现峰值，女子约在 14 岁时出现峰值。14 岁时，男女 $VO_2\,max$ 绝对值的差异约为 25%，16 岁时高达 50%。但是，男生在 6～16 岁时 $VO_2\,max$ 相对值通常稳定在 53 ml/（kg·min）水平，在同年龄段内，女生则从 52.0ml/（kg·min）逐渐下降到 40.5ml/（kg·min），这可能是因为女生体脂百分比的迅速增长降低了最大摄氧量。

4. 肌肉适能

肌肉适能是指机体依靠肌肉收缩克服和对抗阻力，从而维持身体运动的能力，可通过肌肉力量、肌肉耐力和肌肉功率等指标来反映。肌肉力量是指肌肉收缩产生最大收缩力的能力。根据等长收缩、等张收缩、等速收缩的运动形式，肌肉力量可以划分为向心收缩力量、离心收缩力量、等速肌肉力量以及超等长肌肉力量等类别。肌肉耐力是指肌肉持续收缩对抗疲劳的能力（如引体向上能力），肌肉耐力在长时间持续抗阻运动中非常重要。肌肉功率也被称为"爆发力"，通常指肌肉短时间爆发出最大力量的能力。肌肉适能是机体进行体力活动的基础，对维持正常活动、增强体质健康和预防运动损伤都具有重要作用。

肌肉适能受肌肉质量、肌肉类别、年龄、性别等因素的影响。通常，肌肉横截面积越大，肌肉功率越大。快肌纤维比重越高则肌肉功率越大，慢肌纤维比重越大则肌肉耐力越好。

5. 柔韧适能

柔韧适能指决定单一关节或一组关节活动范围的骨骼肌肉系统特性，通常我们又称之为柔韧性。柔韧适能是运动损伤的重要影响因素，其中肌肉拉伤、关节损伤与柔韧性较差密切相关，因此柔韧适能被视作健康体适能中的一个重要部分。在学校体育教育中，热身活动和整理活动都是发展柔韧适能的重要环节，对预防青少年运动损伤、促进青少年生长发育具有重要作用。

根据生物力学原理的区别，柔韧适能可分为静态柔韧适能和动态柔韧适能。静态柔韧适能主要指关节静态的最大活动范围，可采用角度或线性测量；动态柔韧适能是指快速移动肢体或从事快而反复动作的能力，如人在跑步、游泳、体操等运动中关节的摆动角度。除此以外，按照练习的形式，柔韧适能可分为主动柔韧适能和被动柔韧适能。根据身体不同部位的表现，可分为上、下肢柔韧适能、腰部柔韧适能和肩部柔韧适能。

在人体生长发育过程中，柔韧适能随着年龄的增长、骨的钙化和肌肉的增加而逐渐减退，以初生婴儿的柔韧适能最好。通常10岁以后会相对降低，因此10岁之前应经常进行柔韧性锻炼，避免柔韧性的迅速衰减10～13岁柔韧。适能仍有较大的可塑性，给予适当的柔韧练习仍可获得较好的效果，并对生长发育有一定的促进作用。但是，13岁以后柔韧适能可塑性迅速降低，到16岁已存在很大发展阻力，这一阶段不宜过度进行高强度柔韧性练习，保持应有的活动度即可。

二、影响健康的主要因素

影响健康的主要因素又称"健康决定因素"（Determinants of Health），是指影响和决定个人和人群健康状态的各种条件变化。1974年，加拿大卫生与福利部部长马克·隆迪以"健康场"的概念（Health Field）替代传统的"所有健康改善都来源于医学"的狭隘观点，提出影响人类健康的因素主要包括人类生物学（Human Biology）、环境（Environment）、生活方式（Lifestyle）和医疗卫生服务（Health Care Organization）四个方面。近年来，有学者提出人类的长期进化也是当前肥胖等慢性非传染性疾病高发的重要因素。

（一）人类生物学因素

通常将遗传、病原微生物、个人生物学特征等统称为影响健康人类生物学因素。其中，最重要的影响因素是遗传。人类健康的15%～20%取决于遗传，遗传因素不仅会直接引起近3000种遗传疾病和人类遗传性缺陷（超过人类疾病总量的五分之一），还与糖尿病、高血压、肿瘤和许多常见精神性疾病密切相关。此外，细菌、病毒、支原体等各种病原微生物在体内生长繁殖，会引起变态反应或通过其代谢产物干扰和破坏人体组织细胞的正常活动，损害组织器官，造成某些生理功能障碍，严重影响人体的健康水平，甚至导致死亡。性别、年龄、体格特征等个人生物学特征也直接或间接地影响着个体的健康水平❶。

（二）环境因素

影响健康的环境因素主要包括自然环境和社会文化环境，人类健康的20%～25%取决于环境状况。自然环境包括阳光、空气、水、气候和公共设施等方面，这些因素直接影响着人的行为和健康。社会文化环境包括社会制度、法律、文化、教育、经济等方面。社会制度、法律法规等影响到与健康相关的政策保障、资源保障和人权维护；社会文化影响人们的健康意识、行为习惯和伦理道德；经济决定着与衣、食、住、行、娱乐等相关的健康因素；教育可以强化人类对疾病与健康的认知，引导人们建立健康的观念，养成健康的行为习惯。

（三）生活方式因素

生活方式因素指个体或群体的一系列生活观念、生活态度、生活习惯等，具有累积性和广泛性，与社会文化相互影响。人类健康的50%～60%取决于生活方式，良好的生活方式是人类健康长寿和快乐幸福的重要保障，而不良的生活方式则是影响人类健康和生活质量的最主要因素。例如，抽烟、过分饮酒、暴饮暴食、过多的高脂高糖饮食等不健康的饮食习惯；长期熬夜、看视频时间过长等不健康的生活方式；长时间坐姿学习、缺少体力活动等不健康的行为方式；同学关系疏远、以自我为中心、对周围的事情漠不关心等不健康的情感生活方式，以及攀比、过分的物质追求等心理，都是严重影响人类健康的不良生活方式。

（四）医疗卫生服务因素

医疗卫生服务指的是由卫生机构和卫生专业人员向个人、群体和社会提供必要服务的活动过程，这些活动以防治疾病、增进健康为目的，以各种医疗卫生资源为手段，有时还具有明确的计划性。人类健康的10%～15%取决于医疗卫生服务因素，完善的医疗网络、健全的卫生服务机构、大量的卫生经济投入等都可影响人体的健康水平。这些因素还有助于提升婴儿

---

❶ 曲绵域，于长隆.实用运动医学［M］.4版.北京：北京大学医学出版社，2003：226-229.

早期健康状况，增强青少年生长发育，向个体传授健康生活方式，协助其建立良好的卫生习惯，为提高成年时期的健康水平打下基础。

1990 年，埃文斯等在"健康场"概念的基础上进一步提出了"健康决定因素模型"，又称"健康场模型"（Health Field Model），作为在群体水平上研究健康决定因素的理论框架（图 1-2-4）。1994 年，著名健康体适能学者鲍查德等建立了"体力活动、健康体适能与健康因果关系模型"（图 1-2-5）❶。该模型阐明了体适能在体力活动与健康之间的桥梁作用，从而成为健康体适能理论的重要科学基础。以上模型均表明个人健康受到自然环境、社会环境、遗传因素、个体行为和医疗卫生服务等多重因素的影响。任何旨在改善人群健康的行为和措施都应全面考虑这些因素的作用。

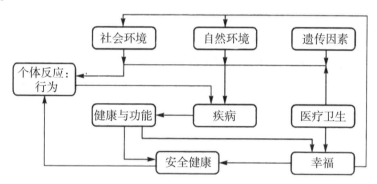

图 1-2-4　健康场模型

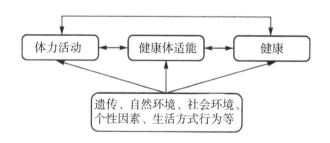

图 1-2-5　体力活动、健康体适能与健康因果关系模型

---

❶ 曲绵域，于长隆 . 实用运动医学 ［M］.4 版 . 北京：北京大学医学出版社，2003：226-229.

第三节　青少年成长发育概述

人生最初 20 年可划分为 3 个同时进行并相互影响的特殊阶段：正常的生长发育阶段、生物学成熟阶段和行为发展阶段。体力活动是人的基本行为，要建立科学的青少年体力活动促进模式，首先必须深入了解青少年的生长发育规律，并全面认识体力活动对青少年健康各种要素的影响。因此，本章主要阐述儿童青少年体力活动与生长发育之间的相互关系，为青少年体力活动促进工作的有效开展提供理论依据。

一、青少年时期人体的生长发育

（一）身体形态的生长发育

1. 身高

在整个生长发育期间，大多数器官、系统有两个生长突增高峰，第一个突增期在胎儿期，第二个突增期在青春期（女孩 10～12 岁开始，13～15 岁结束；男孩开始年龄和结束年龄相应比女孩晚两年）。以身高为例，第一次生长突增高峰是在胎儿中期（4～6 个月），3 个月内共增加约 27.5 cm，约占整个胎儿期急增长量的二分之一，是人体一生中增长最快的阶段。出生后，增长速度开始减慢，直到青春早期又出现第二次生长突增，这时身高年增率一般为 3%～5%，年增值一般 5～7cm，个别可达 10～12cm，约三年以后，生长速度又减慢，直到女 17 岁左右、男 22 岁左右，身高基本停止生长。

2. 体重

体重可以反映一个人肌肉和内脏器官的发育，是反映一个人发育好坏的标志之一。体重的增加存在性别差异。在 10 岁之前，男女生体重差异不大。10 岁之后，由于女生率先进入快速发育期，体重增加比男生快，两年之后男生进入快速发育期，体重增加的速度后来居上。这段时期内，青少年体重年增加率一般为 10%～14%，年增值一般 4～5kg，个别可达 8～10 kg。去脂体重的增长趋势与身高相似，主要在青春期激增，而脂肪量的增长基本与年龄保持一致。体脂百分比在儿童期增加，男生在青春期降低，而女生在青春期则一直保持着较慢的增长速度，这与男孩的去脂体重较大有关。

3. BMI

BMI（身体质量指数）的计算方法是"体重/身高^2"（单位：kg/m^2）。BMI 在婴儿和儿童早期呈下降趋势，在 5～7 岁时达到最低点，在儿童后期及青春期一直上升。由于女生第二次生长突增较男孩开始早，故在 10 岁左右，男、女的发育曲线出现第一次交叉，交叉前一般是男生的水平稍高些，交叉后变为女生发育水平超越男生；到 12～13 岁，男生第二次生长突增开始，而此时女生的生长速度已经开始减慢，故男生的发育水平开始超越女生，使生长曲线呈现第二次交叉。而且，由于男生突增期间的增长幅度较大，生长时间持续较长，故到成年时绝大多数身体形态和生理机能指标均高于女生。

4. 骨骼

（1）骨骼的数量与成分

成年人的骨骼由 206 块骨组成，分为头颅骨、躯干骨、上肢骨和下肢骨四大部分。由于儿童少年时期的骶骨、尾骨和髋骨尚未闭合，所以骨的数量比成年人多，一般为 217～218 块。儿童青少年的骨中含有机物较多，无机物较少，两者的比例约为 1：1。因此，儿童骨的弹性大而硬度小，不容易骨折但容易变形，不正确的姿势很容易造成骨的畸形，如驼背、脊柱侧弯等。

（2）骨骼的生长

青少年骨骼的最大特点是正处在生长变化中。骨的生长依靠软骨的增殖和钙化，骺软骨的内部连续增加、变大，同时伴有钙盐积累，导致骨骼越来越长。随着年龄的增长，骺软骨的增殖速度逐渐减慢，而钙盐的沉积速度越来越快。青春期结束后，骺软骨的钙盐沉积速度大于软骨细胞的增殖速度，使骺软骨完全骨化，只留下一条线状痕迹。至此，骨骺与骨干完全融合在一起，骨骼的长度不再增加。

青少年各骨骼完成骨化的时间不完全一致。一般说来，活动频繁、支撑负重较大的骨骼完成骨化的时间较早，如腕骨、髌骨和跗骨等，而椎骨完成骨化的时间较迟，女生比男生完成骨化的时间早1～2年。根据这一特点，青少年在体育运动与形体训练时必须合理地选择练习方法，安排适宜的负荷量。需要注意的是，儿童关节的伸展性和活动范围都大于成年人，但关节的牢固性相对较差，在用力过猛或不慎摔倒等情况下可能会使关节头从关节窝中脱离，造成脱臼。

（二）身体机能的生长发育

1. 内分泌腺的机能

青少年内分泌腺的功能非常活跃。内分泌系统是机体的重要调节系统，以体液形式进行调节，主要起着调节新陈代谢、内环境的动态平衡、机体的应激性、个体的生长发育和生殖等作用。人体一些重要的内分泌腺，如垂体、甲状腺、肾上腺、胰岛和性腺等，都在青春期大量分泌高效能的生物活性物质，这些物质对它们各自靶器官中的细胞代谢过程进行调节，以保证机体的各种组织和器官能够顺利地生长、发育和成熟。例如，垂体分泌的生长激素是促进生长最重要的激素，儿童青少年在两个生长高峰期的垂体分泌机能十分活跃。儿童在熟睡后60～90分钟，生长激素分泌量占全天的生长激素分泌总量的1/2～3/4，青春期昼夜都分泌生长激素，24小时分泌量剧增到690μg，分泌量为儿童期的7～8倍。

2. 心肺的发育

（1）循环系统

儿童阶段正处于生长发育时期，新陈代谢旺盛，交感神经的兴奋性较强，他们依靠加快心率的方式来满足旺盛的新陈代谢需要。到12岁时，青少年心脏的大小已接近成人水平。随着年龄的增大和心脏活动的加强，青少年的心肌纤维增多、增粗，心脏的收缩功能也逐渐加强，心输出量增加，并且迷走神经的兴奋性逐渐提高，对心脏活动的抑制能力增加，心率逐渐减慢。由于儿童的年龄较小，血管的内径相对较宽，血液水分较多，血液在血管中流动的阻力较小，因而血压较低。随着年龄的增大，血压逐渐上升。儿童血液量与体重的比例大于成年人，毛细血管内腔大于成年人，因此儿童青少年外周血管里的血量比成年人多，对儿童少年身体的生长发育、体力恢复及创伤愈合都有益处。

（2）呼吸系统

肺的结构在 7 岁时就已经发育完成，但是肺泡的数量少，肺的弹性组织发育比较差。大约 12 岁时，肺的重量可以达到 390～500 g，是出生时的 9 倍，迎来了快速发展时期。肺的横径和纵径先后增大，肺泡的体积扩大。随着肺容量逐渐增大，青少年的呼吸频率逐渐减慢，肺活量不断上升，10 岁时呼吸频率约为 17～22 次/min，成年人约为 15～18 次/min。7 岁儿童的肺活量约为 1000～1400 ml，11 岁能达到 l800～2000 ml。一般在 12 岁以前，男女儿童肺活量的差异不是很大。13 岁以后，男女肺活量的差异开始显著，青春期的男孩肺活量明显高于女孩，到成年后，其差异可以达到 1000ml。此外，儿童的气管和支气管的管腔比成年人的狭窄，抗病能力较差，进入青春期后，呼吸道增粗和增长，黏膜抗病能力加强。

（三）身体素质的生长发育

1. 速度

青少年的速度素质在 10～13 岁增长最快，具有明显的性别和年龄特征。男生 19 岁前速度随年龄的增加而增加，在 20～22 岁达到高峰。女生速度素质的发展呈双峰形态，13 岁以前速度随年龄的增加而提高，在 14～17 岁出现第一个高峰，到 21～22 岁出现第二个高峰。

2. 力量

儿童的骨骼肌间质组织较多，肌肉内含水分较多，蛋白质和无机物较少。因此，儿童肌肉较柔嫩，富于弹性，肌纤维较细，肌力较弱。如 12 岁男生握力约为 25.2 kg，15 岁时约为 36.4 kg。随着年龄的增加，肌肉中的水分逐渐减少，有机物和无机物的含量逐渐增多，肌肉的重量和肌力也会不断增加。儿童和青少年的肌肉生长速度总是落后于骨骼的生长，在青春期，骨骼迅速生长，肌肉长度也同步增长，结果导致肌纤维细长但无力。青少年力量素质的发展特点是，男生在 16 岁以前快速增加，16 岁以后增速放缓，22～23 岁达到峰值。而女生在 13 岁前快速增加，随增速放缓并有下降趋势，16 岁左右又开始回升，18～22 岁达到峰值。

3. 柔韧

儿童青少年的柔韧素质在发育过程中逐渐下降，年龄越大柔韧性越差。这是因为儿童青少年的骨骼弹性较好，关节活动度大。通常，13 岁以前是柔韧性最好的阶段，13 岁以后柔韧性加速下降。因此，要保持较好的柔韧性，需要在儿童时期就进行相应的锻炼，不宜在 13 岁以后才开始练习。

4. 耐力

儿童肌肉中能源物质（如糖原）储备较少，毛细血管数量也较成年人少，肌肉颜色浅，加之神经调节方面的原因，儿童肌肉的耐力差、肌肉容易疲劳。但是，由于儿童的新陈代谢作用旺盛，供氧充足，因此疲劳后恢复很快。随着年龄的增加，心血管机能和运动系统的发育逐渐成熟，耐力水平明显提高，至 20 岁左右达到峰值，之后逐渐下降。

5. 灵敏

在青少年肌肉发育过程中，大肌肉群发育早于小肌肉群，躯干肌群发育早于四肢肌群，上肢肌群发育比下肢肌群快，屈肌发展比伸肌快。通常，8~12 岁的时候，动作逐渐地准确、灵巧和多样化。到 18 岁以后，细小肌肉迅速地发达起来，细小动作（如编织等）也随着准确起来。可见，整个青少年阶段对灵敏素质的培养都非常重要。

二、青少年的生长发育特点

（一）成长的阶段性和持续性

成长是一个不断积累最终达到质变的连续过程。通常在几个相近的年龄段，个体生长发育具有相似的特点形成了不同的发育阶段。人体生长发育速度并不是一成不变的，而是呈快慢交替、曲线波浪形节奏。从胎儿期到成熟期，大多数器官系统都经历了两次发育突增期。其中，男孩第二个突增期的开始年龄和结束年龄约比女孩晚两年。❶

（二）生长发育速度的不对等性

在儿童青少年的生长发育过程中，身体各部分生长发育达到高峰及结

---

❶ 曹可强. 青少年体力活动方案与评价 [M]. 上海：学林出版社，2016.

束时间具有先后顺序，下肢发育早于上肢，四肢发育早于躯干，呈自下而上、从外端到中心的"向心性"生长发育规律。身体各部分发育结束年龄大约为：手在 15 岁左右、足在 16 岁左右、下肢在 20 岁左右、躯干在 21 岁左右。上肢发育突增的顺序为：手、前臂、上臂；手部骨骺的闭合顺序为：指骨末端、中端、近端、掌骨、腕骨、桡骨、尺骨近端；下肢发育突增顺序为：足、小腿、大腿、骨盆；躯干发育的突增顺序为：胸、肩、躯干、胸廓。

（三）各系统生长模式的时间顺序性及统一协调性

在人体生长发育的过程中，各组织器官的生长模式在时间进程上有所区别，整个身体各个系统生长模式在时间的表达上不完全一致，相互统一协调。大致可归为以下四类：

（1）一般型。以体格形态发育的模式为代表，包括全身的骨骼、肌肉及多数内脏器官及血流量等。这些组织器官的发育呈两个突增期，分别是初生阶段和青春前期。

（2）神经系统型。脑、脊髓、视觉器官及反映脑大小的头围、头径等与神经系统密切相关的组织器官的发育只有一个突增期，因此儿童阶段对这些器官系统至关重要。

（3）淋巴系统型。淋巴结、胸腺等淋巴组织在 10 岁之前生长非常迅速，12 岁左右已远超成人的水平。随着其他系统的发展和免疫功能的完善，淋巴系统逐渐萎缩衰退。

（4）生殖系统型。生殖系统的发育是在进入发育初期之后才逐渐快速增长的，在之前的 10 年没有明显的发育。但是生殖系统开始发育并不表明生殖系统已经发育成熟，例如，18 岁左右卵巢才达到成熟时的重量，月经初潮后经过几个月或 1 年多，才能周期性排卵。

（四）生长轨迹现象和生长关键期

由于人体的生长发育潜力及各组织器官发育的顺序受遗传基因的控制，全身各部位的生长规律会有自己的轨道。当疾病、营养不良或体内激素缺乏制约了生长速度时，如果及时采取针对性的措施加以调整，就会出现向原有生长曲线靠近的倾向，大部分儿童可迅速调整到原有的轨道上，这被称为生长轨迹现象。然而，并非所有的身体恢复过程都可以被调整到正常的生长轨迹。人体许多重要组织和器官都有关键生长期，在该时期细胞的生长方式是以增生为主，如果在此期间的正常发育受到干扰，可能产生不可恢复的伤害，影响身体各部位的生长进程，甚至残存为永久性缺陷或功能障碍。器官受损后能否完全恢复并继续生长，常取决于伤害的性质和程度、伤害发生和持续的时间。年龄越小、不利因素的作用时间越长，所造成的影响就越大。

（五）生长发育包括生理发育和心理发育

在生理各器官系统发育的过程中，儿童青少年的心理也经历了一个快速发展过程。心理发育以生理发育为基础，儿童青少年的心理发育水平与神经系统的发育相协调，也受其他系统发育的影响。同时，心理的发展也会影响到生理的发育。所以，生长发育包括生理发育和心理发育两个方面，生理发育和心理发育是两个协调发展、相互依存、密不可分的过程，所有生理发育的干扰因素也必将会影响到心理的发展。

第四节　我国青少年健康现状与发展趋势

我国对青少年进行的大样本量体质健康测试始于 1979 年，在 1979 年、1980 年间我国对 16 个省 18 万余学生进行了多项形态和机能指标的测试。随后，我国又在 1985 年、1991 年、1995 年、2000 年、2005 年、2010 年、2014 年等年份组织了全国性的体质健康测试。学生体质健康测试为我国青少年健康促进工作提供了丰富的数据，为青少年体力活动干预工作提供了思路。目前我国学生体质健康测试已经成为学校每年体育工作的重要内容。根据近 30 年的学生体质健康测试数据，我们可以总结出青少年的体质健康现状及发展趋势。2014 年在全国 31 个省（区、市）中抽测 7～19 岁儿童青少年（学生）308 725 人，是近期最大的一次全国性体质监测。2016 年中国学龄儿童青少年体力活动和体质健康研究（Physical Activity and Fitness in China-The Youth Study，PAFCTYS）样本量达 171 991 人，是距今最近的一次大样本量全国性儿童青少年体质健康与体力活动水平监测。上述学生体质监测工作揭示了我国当前青少年体质健康呈现以下几个发展趋势。

一、形态发育水平持续提高

自 1985 年以来，我国青少年的身高、体重、胸围等生长发育指标持续上升，尤其在 7～12 岁年龄段学生中最为明显。以身高为例，1985 年 18 岁城市男生平均身高仅为 169.7cm，2010 年上升至 172.2cm，农村 18 岁男生的身高也从 166.8cm 上升至 170.7cm，2014 年全国 18 岁男生平均身高增长到 172cm（未区分城市和农村）；1985 年城市和农村 18 岁女生的平均身高分别为 158.2cm 和 156.1cm，2010 年增长到 159.9cm 和 158.5cm，2014 年全国 18 岁女生平均身高继续增长到 159.4cm（未区分城市和农村）。此外，随着生活水平的提高，青少年身高、体重和胸围等生长发育的突增期也比 30 年前的青少年提前了 1～2 年。

二、肺活量止跌回升

从 1985—2005 年的五次体质健康数据可知，青少年肺活量水平持续降低，肺活量/体重指数也同步下降。2005 年男生、女生肺活量水平跌至谷底，较 1985 年下降了 400～600ml。2010 年的测试结果表明，青少年肺活量较 2005 年有所提高，不同年龄学生的提高幅度存在一定差异，男生提高幅度大于女生，大学生提高幅度最大。2014 年测试结果显示青少年肺活量数据呈继续上升趋势。

三、身体素质有升有降

1985—2005 年的 20 年间，我国青少年的速度、耐力、柔韧性、爆发力等身体素质持续下降。2005 年的身体素质指标中，仅握力较 2000 年有所提高，其他指标均显著下降。2010 年，青少年身体素质开始止跌回升，

7～18 岁中小学生爆发力、柔韧性、力量、耐力等身体素质指标持续下滑趋势开始得到遏制，但是大学生身体素质仍呈下降的状态，只是下降速度趋缓。2014 年测试结果表明，中小学生速度、柔韧、力量、耐力等身体素质继续较 2010 年呈现稳中向好趋势，但大学生身体素质继续下降。大学生在 20 岁左右的身体素质发展反而出现了下降，这种现象被称为大学生身体素质发展的"20 岁现象"。2016 年 PAFCTYS 数据表明，仅 5.95% 的儿童青少年体测达到"优秀"水平，25.8% 达"良好"水平，59.9% 处于"达标"水平，约 8% 未达标。❶

四、营养不良下降，但超重肥胖率持续上升

2014 年测试结果表明，城乡学生营养不良检出率进一步下降，且基本没有重、中度营养不良。但是，青少年超重肥胖率上升成为一个棘手的问题。

2010 年，我国城市男生、城市女生、农村男生、农村女生肥胖检出率分别为 13.33%、5.64%、7.83%、3.78%，比 2005 年分别增加 1.94%、0.63%、2.76%、1.15%；超重检出率分别为 14.81%、9.92%、10.79%、8.03%，比 2005 年分别增加 1.56%、1.20%、2.59%、3.42%。2014 年，各年龄段学生肥胖检出率又较 2010 年有所上升，城市 7～12 岁男生的肥胖率增长尤其明显，其肥胖率已经超出了世界卫生组织界定的安全临界点（即 10%）。2016 年抽样监测的 116 615 个数据显示，我国儿童青少年整体超重率为 14.4%，肥胖率为 11.9%。

五、视力不良检出率居高不下，呈低龄化特征

2010 年测试结果表明，我国 7～12 岁小学生视力不良率为 40.89%，是 2000 年该指标数据的两倍；13～15 岁初中生视力不良率为 67.33%，较 2000 年提高了近 20%；16～18 岁高中生视力不良率为 79.20%，较 2000

---

❶ 钟燕. 儿童青少年的躯体发育特征与营养需求［J］. 中国儿童保健杂志，2014，22（11）：1124-1125，1129.

年提高了约 8%；19～22 岁大学生视力不良率达到 84.72%，比 2005 年提高了约 2%。其中，小学生视力不良检出率迅速增长。2014 年全国学生体质健康调研结果表明，视力不良检出率仍然居高不下，继续呈现低龄化倾向。其中，北京市的报告显示，从 2009-2010 学年到 2012-2013 学年，北京市中小学生视力不良检出率从 59.96% 增加到 62.96%，小学阶段的视力不良检出率已经达到 49.77%，其中小学一年级为 33.75%；中学阶段为 81.19%，初中一年级为 72.23%，高中三年级高达 88.79%。

六、心血管疾病症状逐渐低龄化

儿童代谢综合征中国工作组 2010 年对我国北京、天津、杭州、上海、重庆和南宁共 6 个城市 22071 名 7～16 岁儿童青少年进行的肥胖和代谢综合征（Metabolic Syndrome，MS）调查表明，高血糖比例为 6.80%；MS-CHN2012 标准下学生高血压的患病率达 11.3%，高甘油三酯比例为 12.1%，胆固醇代谢异常率为 18%，MS 患病率为 2.4%；MS-IDF2007 标准下学生高血压的患病率达 6.3%，高甘油三酯比例为 7.1%，胆固醇代谢异常率 15.3%，MS 患病率为 1.4%。

第五节　体力活动对青少年健康的影响

一、体力活动的健康促进效益概述

体力活动对健康的促进作用已得到广泛证实，但体力活动与部分健康指标的量效关系还不够明确（表 1-5-1）。一般而言，长时间中高强度有氧运动对健康的各个维度都有益处，尤其对心血管系统疾病、超重肥胖等具有显著的防治作用，力量锻炼则对肌肉、骨骼的发育与维持有益。近年来大量研究发现心血管疾病呈低龄化趋势，这与青少年体力活动不足密切相关。

表 1-5-1　体力活动与健康的量效关系

指标	证据强度	一致结论
全因死亡率	中	线性负相关
冠心病与血管基本	中	与发病率和死亡率线性负相关
血压	高、非常高	50%～70%最大摄氧量强度有益，无明显量效关系
血脂	中、高	50%～80%最大摄氧量强度有益，无明显量效关系
凝血因子	非常高	无量效关系证据
超重/肥胖	中、高	控制饮食 4 个月以下体重持续线性减轻 控制饮食 6 个月以上无量效关系
Ⅱ型糖尿病	中	负相关
骨质疏松	非常高	体力活动可延缓绝经后骨量减少，有量效关系证据
癌症	中	与结肠癌负相关
抑郁	中、高	无量效关系证据

二、体力活动对青少年身心健康的影响

（一）体力活动对青少年心血管适能的影响

1. 生理机制

长期体力活动对青少年心血管适能的影响具有以下生理基础。

（1）体力活动使心肌增厚，收缩力增强，从而改善心功能，增强血管弹性。一般认为体育锻炼可加大心脏容积和心脏收缩力，使每搏输出量增加，从而提高人体有氧工作能力。锻炼使全身血流量改善，心输出量增大，减少了血管壁胆固醇、脂肪等代谢物质的沉积，血管弹性得以改善。

（2）体力活动可促进肺的发育，降低呼吸频率，增大肺活量，增强呼吸运动机能。长期体力活动可使肺容积增大，肺功能得到提高。体力活动时，肌肉活动产生大量的二氧化碳，刺激呼吸中枢，使呼吸加深、加快，使肋间肌、膈肌等呼吸肌得到锻炼，对肺活量的提高具有明显的促进作用。

大量研究证实，青少年时期心肺功能下降、肥胖等是成年期心血管疾病的重要危险因素。有研究指出，成年期代谢综合征与心血管疾病存在高度相关，而心血管疾病的病因又与儿童青少年时期的生活方式及健康状况密切相关，如果早期能够有健康的生活方式，成年期心血管疾病的患病率将显著降低。因此，青少年时期就应该加强体力活动，这对预防成年时期的心血管疾病具有重要意义。

2. 相关研究现状

在对青少年体力活动与心血管适能关系的研究中，大部分文献不仅对两者间是否存在量效关系进行了分析，还比较了运动与不运动青少年之间的心肺水平差别，这些研究主要通过台阶实验、功率自行车、20 米往返跑和平板试验等方法来评价青少年心肺健康水平。

儿童青少年的体力活动与心肺健康之间存在明确的关系。相关文献中最常见的心肺耐力锻炼方式是有氧运动，如跑步、自行车、器械锻炼、爬楼梯、篮球和快步走等，最常见的运动处方为每周 1～5 天，每天持续 20～60 分钟，70%～90%的最大心率强度。

（二）体力活动与青少年身体成分的关系

1. 生理机制

（1）体力活动可增加能量消耗，调节能量平衡。超重肥胖的根本原因是能量正平衡，而体力活动的能量消耗是静坐的几倍到几十倍，可显著提高脂肪组织的脂解作用。有研究显示，长期规律体力活动还可提高安静状态下的代谢水平，增加睡眠时段的能量消耗。

（2）体力活动可改善脂代谢，减少体脂百分比。体力活动水平越高，身体脂肪含量越少。各种形式的体力活动都可以促进脂肪的燃烧，在长时间中等强度有氧运动中脂肪供能的比例最大。

（3）体力活动可调节瘦素（Leptin）的表达。瘦素一种由脂肪组织分泌的激素，它可参与糖、脂肪及能量代谢的调节，促使机体减少能量摄入，增加能量消耗，抑制脂肪细胞的合成。体重正常或肥胖个体经过长期体力活动后，血浆瘦素浓度均有不同程度下降，而瘦素含量与体脂和体质指数呈正相关。还有研究显示，体力活动对肥胖基因有一定影响，但其作用机制还需要更深入的探索，相关研究结果还未形成共识。

2. 相关研究现状

身体成分指标包括 BMI、去脂体重、脂肪量、体脂百分比、皮褶厚度等，很多数值随着生活年龄的增长及生长发育而变化。因此，需要严谨的实验方法才能将体力活动对身体成分的影响从青少年生长发育中区分开来。多项实验性研究显示，体力活动与 BMI、体脂率、体脂量和皮褶厚度存在低度到中度相关，通过锻炼可使超重或肥胖孩子的 BMI 和体脂率降低。伯纳德·贾汀（Bernard Gutin）等学者对体脂率和内脏组织脂肪研究较多，结果也较一致，大部分研究采用连续、大量的有氧运动，每周 3～5 次，每次 30～60 分钟，结果显示青少年参加体力活动越多，特别是高强度体力活动越多，脂肪量就越低。一项持续 10 个月的持续有氧运动干预显示，青少年体脂率明显下降，仅有两项力量训练干预对青少年肥胖影响甚小。另一项训练控制研究通过让肥胖或超重青少年参与规律的体力活动，每周 3～5 次，每次 30～60 分钟中高强度运动，全部受试者脂肪指标都显著降低。

总之，体力活动水平相对较高的青少年的脂肪要低于体力活动较少的同龄人，持续有氧运动对超重或肥胖青少年身体成分的改善具有显著作用，但是对正常体重的青少年而言，增加体力活动对脂肪的影响较小。

（三）体力活动与青少年骨骼健康的关系

1. 生理机制

（1）体力活动能促进骨骼的新陈代谢，加强骨骼的营养，改善骨骼的结构。体力活动时骨骼的血液供应量大大改善，使骨获得更多的营养，促使长骨生长，骺软骨增殖加速。体力活动促使骨密质增厚，骨松质的骨小梁的排列更加整齐而有规律，使骨能承受更大的压力。骨骼发育在儿童、青少年时期最为关键，成人骨量的 50% 是在青春期快速增长获得的。研究显示，在骨矿物含量增长敏感期（女孩 12.7 岁，男孩 14.1 岁），运动多的孩子在含量的增长上要高于运动少的孩子。

（2）体力活动可预防骨骼疾病。虽然遗传对骨质起着决定性的作用，但是体力活动可以促进骨密度（Bone Mineral Density，BMD）增加，保证获得遗传范围内的最佳峰值骨量（Peak Bone Mass，PBM），从而有效预防骨折、骨质疏松等疾病。

2. 相关研究现状

骨骼健康包括骨矿物含量、骨密度、骨面积、骨硬度、骨形状及韧性、骨膜周径等指标，相关的研究可能涉及一项或多项指标的分析。体力活动是否有成骨作用取决于外界负荷的强度大小、负荷的动态情况、负荷的承受程度以及一次负荷的持续时间。研究显示抗重力运动比跑步、跳高或高强度的举重对骨骼矿物质增长更加有效，也比自行车、游泳等支撑自身重力负荷的运动好，小负荷或是 3 倍体重的抗重力运动可有效改善骨矿物质含量，还可同时影响肌肉力量。研究普遍证实了体力活动对青少年股骨和胫骨 BMD 的促进作用，还有研究显示，在学校体育课之外，进行每周 3 次，每次 12 分钟，持续 7 个月的高强度体重负荷体力活动可使青春前期学生的脊柱和臀部骨矿物质含量明显增加。总之，负重的体力活动可提高骨矿物质含量及骨密度。

研究还表明，对于两侧肢体承重不一致的青少年，承重较大的一侧肢体的 BMD 高于另一侧。在多种体力活动中，纵跳等跳跃类运动对下肢骨骼发育具有重要促进作用，可提高下肢的 BMD 水平。一项对照研究将 89 名 10 岁以下儿童分为跳跃组和对照组，跳跃组不仅要做容易的伸展动作，还要做双脚跳至一定高度箱子的动作，1 周做 300 个，分 3 次完成，对照组仅做相对容易的跳跃动作。研究结果显示，短期内两组的骨骼状况并没有显著性差异，7 个月后，跳跃组的各项骨骼指标都明显高于对照组，采用统计学方法剔除身高、体重等影响因素之后，股骨颈和腰椎的骨量仍有显著差异。还有研究证实，即便是负重较低的体力活动，只要达到一定的活动量，也可以取得良好的健骨效果。

（四）体力活动与青少年肌肉适能的关系

1. 生理机制

（1）体力活动可促进肌肉肥大。静态生活方式下肌肉活动量很小，肌肉中毛细血管开放较少。体力活动时肌肉运动增强，肌肉的毛细血管大量开放，开放数量可以从 80 条/cm³，增加到 2000 条/cm³，是安静时的 15 ～ 30 倍，营养物质源源供应，使肌肉长得粗壮。长期力量训练可使肌肉收缩蛋白合成增加、肌质网和结缔组织增多，表现为肌纤维增粗、横断面积增加，即肌肉肥大。

（2）体力活动可增强肌肉力量与耐力。一般人肌肉重量占体重的 35% ～ 40%，经常参加体育锻炼者的肌肉重量可达体重的 50%。青少年经常进行体育锻炼，可使肌肉增长速度相对增快，收缩力量明显增强，肌肉耐力增强。研究还表明，锻炼能使肌球蛋白增加 40% ～ 50%，使肌肉中储备氧作用的肌红蛋白含量增加，神经肌肉控制能力明显提升，使肌肉能适应紧张工作。

2. 相关研究现状

青少年体力活动对肌肉力量影响的研究中，玛丽安（Malian）综述了 22 项关于青春期前和青春期早期青少年力量训练的结果，提示通过力量训练可明显提高肌肉力量。各文献中报道的抗阻训练时间从 6 周到 21 个月不等，大部分维持 8 ～ 12 周，训练 2 ～ 3 天为一个阶段，中间休息调整。强度范围大都在 50% ～ 85%1RM，以 75%1RM 居多（最大肌力 1RM，被定义为"一次能举起的最大重量"）。

特鲁斯（Treuth）及其同事对 7 ～ 10 岁肥胖女孩进行非随机抗阻训练研究，实验持续 5 个月，每周 3 天，每天 20 分钟，练习方式包括压腿、仰卧起坐等，强度逐渐加至 70%1RM。该实验结果表明：运动干预组的 1RM 仰卧推举增加了 19.6%，腿部 1RM 力量增加了 20%，膝关节伸力增加了 35%。费根鲍姆（Faigenbaum）对 13 岁男孩进行了 9 周非随机渐进性抗阻练习的研究，每周 2 次，每次 90 分钟，每组练习包括 1 ～ 4 次举重练习，8 ～ 15 次阻力练习，如此重复 3 组。该项目使男孩的腿力增加了 19%，上肢力量增加了 15%。

由此可见，青少年体力活动与肌肉力量的关系非常密切。无论儿童、青春期前或青春期早期的青少年，每周 2 ～ 3 次的阻力练习都能明显提高肌肉力量，对生长发育不会产生负面影响，且这种促进作用没有男女区别。

（五）体力活动与青少年代谢健康的关系

1. 生理机制

（1）体力活动可提高胰岛素敏感性。长期体力活动可提高胰岛素及其受体结合力，使胰岛素作用的信号转导得以改善，提高细胞膜葡萄糖转运蛋白的表达及转运能力，从而提高胰岛素敏感性，降低胰岛素抵抗反应。

（2）体力活动可通过调节脂肪改善胰岛素抵抗。由于脂肪量是影响体力活动与心血管疾病风险预测的潜在因素，而随机对照实验显示体力活动可以降低超重肥胖青少年全身及内脏脂肪。因此，体力活动在一定程度上改善了胰岛素抵抗，降低了青少年心血管及代谢疾病的风险因素。

（3）体力活动可调节血管机能。体力活动可降低甘油三酯，改善血脂水平，减少促进血脂代谢，减少脂肪在血管壁附着，增强血管弹性，对动脉粥样硬化和高血压等心血管疾病起到有效的预防作用。

2. 相关研究现状

相关的研究主要集中在 3 个疾病危险因子上，即空腹胰岛素、瘦素和炎症标记物。针对肥胖研究对象的实验数据显示：持续 2～8 个月的体力活动干预计划可明显改善心血管及代谢健康，指标包括胰岛素敏感性、血脂水平、炎症指标、内皮功能、副交感神经活动和颈动脉内皮厚度。最为显著的结果是：体力活动能使患有血脂异常的青少年指标恢复正常。此外，通过参加学校体力活动干预的肥胖青少年，除了体质、空腹胰岛素水平改善并且脂肪减少之外，此后进行无规律的体力活动也减轻了体重，这个研究结果提示体力活动具有长期效应。

总体来说，研究表明：在儿童青少年时期开始保持大运动量和强度的体力活动，并延续至成人期，可帮助其保持较低的心血管疾病和Ⅱ型糖尿病风险，有效降低心血管疾病和Ⅱ型糖尿病的发病率和死亡率，体力活动的运动量或强度越大，受益越大。

（六）体力活动可促进青少年心智发展

大量研究证实了体力活动对青少年心理健康的积极影响，主要体现在：体力活动可以提高青少年的认知能力，增强信心，对思维发展和审美感知都非常有益；体力活动可促进社交，增强归属感，有助于意志训练和品质培养；体力活动还可以调节情绪，减少失眠、焦虑等症状。

1. 体力活动可以提高青少年的认知能力

所有的体力活动行为都有一个相同的特点，即在整个过程中，运动的人需要对周围情况保持敏锐的判断，感知反应要快，动作要能配合思维，以实现动作的完整。长期坚持体力活动，尤其是健身性体力活动，可以使青少年的感知力得到显著增强，提高其反应速度、灵敏度和判断力，使青少年动作灵敏，思维灵活。体力活动还可促进血液循环，供给大脑充分的能量，提高思维和想象能力。迪什曼（Dishman）等对1250名12年级女孩的研究显示，对身体的自我认识与体力活动具有明显的关系。研究显示，高频次的体力活动更有利于提高儿童青少年学习成绩。来自瑞典长达9年的纵向干预研究显示，与每周只接受2次体育课的学生相比，上学日每天进行体育课（5次/周）的学生不仅学习成绩更好，而且进入高中的比例更高。科埃（Coe）等在一项纵向研究中，通过中高强度体力活动（MVPA）的30 min时间段评估学生的体力活动水平发现，2个学期内，进行过一些MVPA或达到指南推荐强度体力活动的学生学习成绩高于没有剧烈运动的学生。汉森（Hansen）在调查了687名二至三年级学生后，发现有氧适能与拼写和数学成绩均显著相关。多项类似的横断面研究均表明，有氧适能高的孩子更有可能在学业成绩测试中表现良好。瓦祖（Vazou）等在一项干预研究中发现，数学课上加入持续10~12 min的体力活动，可较大幅度改善数学成绩。斯奈德（Snyder）等开展的干预研究中，将体力活动融入70min的数学课上，使学生至少有50%时间在活动，在保证数学成绩的同时，改善了任务行为并减少任务外行为。另一项研究显示，在每天上课时间实施3次5 min的课程休息，保证了数学和阅读成绩，同时改善了学生的课堂行为表现。❶

温煦曾对体育锻炼对青少年认知能力和学业的国内外研究进行综述，结果显示：适量的体育锻炼有助于改善青少年认知能力，提高其学业表现，但体育锻炼影响青少年认知能力和学业表现的作用机制、体育锻炼与认知能力和学业表现的量效关系等一系列关键问题仍有待进一步研究。

2. 体力活动有助于青少年情绪调节

面对充满诱惑又错综复杂的社会，科学技术的不断发展带来了快节奏

---

❶ 戚紫怡，王菁菁，何鲜桂. 体力活动模式对儿童青少年学习成绩的影响［J］. 中国学校卫生，2021，42（2）：307-310.

的生活与激烈的竞争，给青少年学习和生活带来了各种各样的压力。压力不仅来自于社会、家庭，也来源于他们自己。

大量研究表明，适量的体力活动，尤其是以健身娱乐为目的的体育锻炼，不但对缓解人的压力起到了积极的作用，还在心理和社会方面带给人很多益处。国际运动心理学会（ISSP）鼓励所有人经常性地参与自由选择的、有活力的身体活动，还建议人们要喜爱多种体育活动，以提高有氧和无氧能力，最好是竞争性较小的、让人心情愉悦的体力活动，这样的体力活动一般强度都较小，通常每星期至少 3 次，每次 20～30 min，60%～90% 个体最大心率的运动对情绪的调节作用最佳。

此外，长期参加体育锻炼的人可能体验到一种"尖峰时刻"（PeakMoment），有助于负面情绪的消除。尖峰时刻的良好情绪体验包括最佳表现、流畅体验、跑步或锻炼高潮以及高峰体验等。这些情绪体验可显著提高自信自尊和自我效能，对青少年的情绪调节和人格培养都具有积极意义。

多项研究报道参与运动积极的孩子的抑郁症状明显要低于不积极的孩子，帕菲特（Parfitt）和埃斯顿（Eston）对 70 名 10 岁孩子进行的体力活动和抑郁关系研究显示，步行量和抑郁症状有负相关（$r = -0.60$）。此外，还有研究证实体力活动与焦虑呈负相关。

3. 体育锻炼能够使人格得到全面提升

体力活动尤其是体育竞赛普遍都有难熬、激动、困难、劳累以及竞争等特点，是培养青少年意志品质的重要途径，体育竞赛还可培养青少年不骄不躁、相互尊重、公平竞争、诚信待人等优良品质。团体性的体育活动项目可以让人体会到队友间的相互支持和影响，让自己有一种归属感。作为具有社会属性的人类来说，归属感是满足个体生存不可或缺的条件。

体力活动还可培养青少年的协作能力、应对能力和掌控能力等。体力行为能练就人的性格，让人变得积极、向上、包容、感恩、理性。体力活动还有助于人际交往，能让青少年摩擦出友谊的火花。通过与他人的接触，能够让人改变原有的负面情绪，接受快乐的感染。有的学者很早就提出，性格开朗的人更受到社会的欢迎。最重要的是，长期体力活动可建立起终身体育的意识，不仅有助于提升个体的健康水平，更重要的是可建立积极健康的生活方式和意识，使人格品质得到全面提升。

第二章 青少年体力活动及生态学环境现状

本章内容分别对青少年体力活动及生态学环境全球概览、青少年体力活动研究现状、青少年日常行为模式调研结果、青少年日常体力活动水平现状调研结果以及我国青少年体力活动及其生态学环境进行分析与阐述。

第一节 青少年体力活动及其生态学环境全球概览

一、青少年体力活动行为

(一) 来自《柳叶刀》体力活动研究组的数据

《柳叶刀》（*The Lancel*）是全球公认的高水平医学期刊。2012 年《柳叶刀》体力活动工作小组根据全球学龄儿童健康调查（Global School-based Student Health Survev，GSHS）和学龄儿童健康行为（Health Behaviour in School-aged Children，HBSC）调查结果，评估了 105 个国家 13～15 岁儿童的体力活动状况，结果显示，达到每天 60 分钟体力活动量标准的主要为欠发达国家，80.3% 的 13～15 岁儿童体力活动量未达标，56 个国家（占 53%）男孩体力活动量未达标，100 个国家（占 95%）女孩体力活动量未达标。每个国家的达标水平不同，美国为 24.8%，美国 9～15 岁的未成年人体力活动水平下降了 75%，每年的 MVPA 量减少 38 分钟。从数据

可以看出，儿童和青少年身体活动水平下降趋势明显。❶

（二）来自《青少年体力活动报告》的数据

2016 年国际体力活动与公共卫生大会上，38 个国家联合发布了《青少年体力活动报告》（以下简称《报告》），分析了全球青少年体力活动现状。从报告中可以看出，青少年体力活动水平不容乐观，其生态学环境也有待改善。

在《报告》各项指标中，"静态生活方式"和"体力活动总体水平"的两项指标评分较低，它们的全球综合评级为 D，这两项指标在全球范围内达标比例分别约为 31% 和 33%。在所有国家中，取得 B 类及以上评级的国家分别只有 2 个和 3 个；达到 C 类及以上评级的国家主要集中在非洲，但比例也不足 30%。斯洛文尼亚达到青少年达标的男女生比例分别为 86% 和 76%，该国青少年屏幕前日均时间低于 2 小时的男女生比例分别为 74% 和 79%，因此斯洛文尼亚在这两项指标中的评级为 A-和 B+。可以看出，青少年体力活动总体水平较低与青少年日趋静态化的生活方式有关。

"组织性体力活动"和"上下学交通方式"这两项中，评级为 C 类及以上的国家比例为 60%，各有 9 个国家（约占 24%）的青少年达标比例超过 60%。荷兰在"上下学交通方式"评级最高（A），12～17 岁青少年中，79% 的学生每周至少有 3 天骑自行车上下学，17% 的学生每周至少 3 天步行上下学。丹麦在"上下学交通方式"中评级并列最高级（A），7～15 岁儿童与青少年进行比例在 85%～90% 之间。❷

二、青少年体力活动环境

（一）来自《青少年体力活动报告》的数据概览

《报告》显示，政策、社区和学校维度的青少年体力活动生态学环境相对较好。"政策与经费投入"在全部 9 个指标中评级最高，其对应的全

---

❶ 刘梦环. 小学生身体活动水平比较研究——以无锡、南京和徐州水平三学生为例 [D]. 江苏：南京体育学院，2020.

❷ 李建臣，任保国. 青少年体能锻炼与体质健康 [M]. 北京：化学工业出版社，2014.

球综合水平约为 54%（评级为 C）。15 个国家或地区（约占 39%）取得 8 类及以上评级，其中丹麦评级最高（A-）。

从"组织性体力活动""学校""社区及周边建筑环境"以及"政策和经费投入"来看，许多国家都在努力组织和引导青少年加强体力活动，但是从"自主性活动"和"家庭和同伴的支持"来看，青少年参加体力活动的主动性较低，吸引青少年参加体力活动的人际环境还有很大的提升空间，这两方面都与青少年体力活动的兴趣息息相关。由此可以推测，组织学生开展体力活动对促进青少年加强体力活动的作用有限，提升兴趣才是关键。

（二）青少年体力活动评价指标的相关分析

马克（Mark）等对 2016 年《报告》的 5 类评级分别赋予分值（A-5，B-4，C-3，D-2，E-1）后，得出了每个国家的总得分、体力活动行为指标总得分（前 5 个指标得分之和）以及体力活动生态学环境指标总得分（后 4 个指标得分之和），并将这些得分与人类发展指数（HDI）、全球食品安全指数、基尼指数、性别不平等指数等数据进行相关性分析。结果显示，环境类指标得分与人类发展指数（HDI）及全球食品安全指数呈正相关，与基尼指数及性别不平等指数呈负相关，各个国家的《报告》总得分与基尼指数及性别不平等指数也呈负相关，张加林对 2014《报告》也分析得出了相似的结论（图 2-1-1）。

国际经济水平似乎与体力活动指标呈一定程度的负相关关系。与发达国家相比，发展中国家往往在"体力活动总体水平""上下学交通方式"和"静态生活方式"中评级较好，但在"家庭和同伴的支持""社区及周边建筑环境"和"政策和经费投入"中评级较低。2014 年《报告》也发现，HDI 较高的国家青少年体力活动评级反而较低（图 2-1-2）。2016 年《报告》中对发达国家的对比分析显示，家庭收入与儿童体力活动水平似乎呈正相关，但在低收入（欠发达）国家中则正好相反。与之相对应的是，某流行病/体力活动变迁理论也认为，HDI 高的国家往往因为自动化和便利性的提升反而降低了体力活动水平。

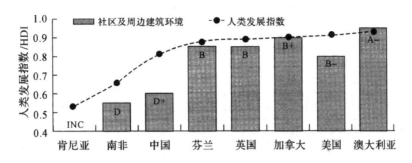

图 2-1-1　人类发展指数与儿童青少年身体活动社区环境的关系

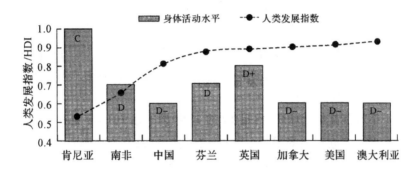

图 2-1-2　人类发展指数与儿童青少年身体活动水平的关系

从社区维度看，发达国家在社区及环境指标上评级较高，欠发达国家评级较低，身体活动行为指标总得分似乎与"社区及周边建筑环境"指标呈微弱的负相关（R=0.28，P=0.18）。儿童青少年体力活动促进的设施、政策和投资较差的国家反而体力活动水平较高；设施差的国家往往体力活动水平较高，静态生活方式比例较低。相反，体育设施较好的国家往往体力活动水平低，这在另一角度说明自主性体力活动对体力活动行为的促进作用更优于体育设施。从政策维度看，许多国家政策供给主体评级高但行为指标评级低。在政策供给主体评级达到 8 级以上的国家中，政策与活动水平呈低度负相关趋势（R=0.17，P=0.58）。

2016 年 Malina 发表的专著中分析了不同经济水平国家男女生的体力活动水平，提示发展中国家乡村儿童的体力活动水平最高，这可能与这一区域的交通便捷程度较低、家务劳动较多有关（表 2-1-1）。

表 2-1-1　不同经济水平国家男女生的体力活动水平（PAL）

区域	工业化国家（城乡）				发展中国家城市				发展中国家乡村			
性别	男		女		男		女		男		女	
年龄	n	PAL	n	PAL	n	PAL	n	PAL	n	PAL	n	PAL
5-9	225	1.60	232	1.58	81	1.56	81	1.56	340	1.75	310	1.74
10-14	887	1.60	700	1.58	133	1.62	73	1.70	450	1.85	400	1.86
15-19	838	1.70	1032	1.60	32	1.60	32	1.62	200	2.13	180	2.06

三、青少年体力活动的发展趋势

继 2014 年第一份全球联合《报告》发布后，2016 年又有 15 个国家发布了各自的《报告》，将二者进行对比，可以看出总计有 20 个指标评级有所提升，还有 22 个指标评级降低，在整体评级中，只有加拿大、爱尔兰和南非的整体评级有所提高，一些国家如英格兰、莫桑比克和墨西哥的整体评级还出现了不同程度的下降（表 2-1-2）。因此，可以看出青少年体力活动及其生态环境在总体上并没有得到改善❶。

表 2-1-2　15 个国家 2016 年较 2014 年指标评级的变化情况

评级	体力活动总体水平	组织性体力活动	自主性体力活动	上下学交通方式	静态生活方式	家庭和同伴的支持	学校	社区及周边建筑环境	政策与经费投入	总计
提高	2	3	2	3	0	2	2	4	2	20
降低	4	2	2	3	1	1	6	1	2	22
未变	9	10	8	8	14	10	6	8	10	83
新获	0	0	3	1	0	2	1	2	2	10

---

❶ 李红娟，王正珍，罗曦娟. 美国青少年体质测定系统的演进［J］. 北京体育大学学报，2013（10）.

第二节 青少年体力活动研究现状

工业革命和科技的发展，使人类减少了许多体力劳动，为人类的生活带来极大的便利，同时，也为人类的健康带来了威胁。例如，乘坐汽车、火车等现代交通已取代了传统的步行和骑自行车旅行，而洗碗机、洗衣机等家用电器大大减少了家务劳动、减少了人们的活动量。电视、电脑、手机电子设备占用了大量空闲时机，这使得人类静止不动的时间远多于过去，带来了很多不良影响。2009 年，体力活动不足被确定为非传染性人类疾病的第四大危险因素。因此，准确测量和评估体力活动水平，制定有效的体育锻炼促进计划是促进国民健康的重要组成部分。

体力活动可分为四种，即职业的、家庭的、休闲的和交通的。而休闲的体力活动又可分为小型竞赛类、体育娱乐活动和体育锻炼三种。

早在 20 世纪 70 年代中期，美国等世界发达国家就开始关注青少年体力活动，进行了一系列讨论。但是，评估体力活动水平是一项复杂的工作，没有国际统一的指标和工具，国际间的标准确立和比较就很难进行，很难做到客观地测量。随着体育活动研究的不断深入，出现了国际体育活动量表、不同人群体育活动水平标准以及客观测量体育活动等工具，才使全球范围内的体力活动研究成为可能。见表 2-1-3、表 2-1-4 所列。

表 2-1-3 IPAQ 长卷中各项身体活动属性及其 MET 赋值

体力活动类型	体力活动项目	体力活动强度	MET 赋值
工作相关身体活动	步行	步行	3.3
	中等强度	中等	4.0
	高强度	高	8.0
交通性相关身体活动	步行	步行	3.3
	骑车	中等	6.0

体力活动类型	体力活动项目	体力活动强度	MET 赋值
家务园艺相 关身体活动	中等强度户内家务	中等	3.0
	中等强度户外家务	中等	4.0
	高强度户内家务	中等	5.5
休闲相关身体活动	步行	步行	3.3
	中等强度	中等	4.0
	高强度	高	8.0

表 2-1-4　　个体身体活动水平分组标准

分组	标准
高	满足下述 2 条标准中任何一条: 1. 各类高强度体力活动合计≥3day，且每周总体力活动水平≥1500MET−min/w 2. 三种强度的体力活动合计≥7day，且每周总体力活动水平≥3000MET−min/w
中	满足下述 3 条标准中任何一条: 1. 满足每天至少 20min 的各类高强度体力活动合计≥3day 2. 满足每天至少 30min 的各类中等强度和/或步行体力活动合计≥5day 3. 三种强度的体力活动合计≥5day，且每周总体力活动水平≥600MET−min/w
低	满足下述 2 条标准中任何一条: 1. 没有报告任何活动 2. 报告了一些活动，但是尚不满足上述中、高分组标准

一、国内青少年体力活动研究现状

从具有专业性且有资质的组织提出青少年体力活动准则距今，只有十多年时间。在这十多年里，国内的专家学者们通过吸收借鉴国外优秀成果，在青少年体力活动的相关领域进行研究后，终于有了诸多关于体力活动对青少年身体健康影响的科研报道，主要涉及骨骼健康、肌肉力量、心肺健康、代谢健康及心理健康等方面。当前，青少年的体力活动水平参差不齐，存在明显的个体和性别差异，体力活动的水平还随着年龄的增长在不断下降。

（一）青少年体力活动与健康的效应关系研究

诸多研究认为青少年进行适量的体力活动能促进学生身心健康发展，尤其是 MVPA 与学龄前儿童身体生长呈显著正相关。

（二）城市与建成环境对青少年体力活动影响的研究

基于场所的健康促进理论认为，个人行为与其环境和背景密切相关，人的活动环境值得关注和重视。尤其是发达国家，更重视公民活动的城市环境建设。研究表明，增加社区周围运动场馆和交叉路口的密度有助于改善青少年的 MVPA。家庭附近的娱乐设施对儿童和青少年的身体活动产生积极影响❶。近年来，随着我国城市的扩张，许多社区越来越不利于青少年的活动。例如，不合理的街道布局不利于人们步行；运动设施数量不足、分布不均匀，不能满足人们户外活动的需求。因此，有必要基于户外体力活动进行环境设计，这样才能提高儿童和青少年的体育活动水平。❷

学校是儿童和青少年进行户外活动的最主要场所。学校需要建设良好的校园环境，提供足够的场地保障青少年每天的活动量。学校还可以鼓励学生通过步行和骑自行车的方式上下学，并为学生步行和骑自行车创造更多的机会。弗伦奇（French）从经济学的角度，认为选择步行和自行车等出行方式，会大幅降低人们出行的经济成本和出行时间。经济学家周热娜的研究结果表明，儿童青少年的住所附近的路径选择会对学生的身体活动产生影响，因此，应该通过环境措施进行调整。凯伦·维滕（Karen Witten）等人认为密度、目的地可及性、混合土地使用、街道相通和街景质量与儿童青少年的身体活动互动之间的关联，这表明改变社区建成环境可以增加儿童和青少年身体活动量。而陈庆果、温煦的统计显示：与身体活动

❶ ［1］向剑锋.体质弱势青少年体力活动环境的社会生态学研究［J］.武汉体育学院学报，2019，53（08）：23-30.

❷ 秦真真，李潮，叶青，等.建成环境对南京市儿童青少年体力活动影响［J］.中国公共卫生，2021，37（1）：61-64.

相关的环境特征，唯一获得证据支持的是步行指数的证据比值为67%，而公共区域、土地混合利用度、社会治安安全、街道衔接性、美观与清洁和地形坡度等环境特征对身体活动的影响还没有得到证实。❶

（三）社会生态学模型与青少年体力活动的关系的研究

社会生态学模型一般通过公共政策、社区水平、组织机构、人际支持和个体水平五个层面来影响个体的身体活动水平。促进儿童青少年身体活动需要社会各界的努力和配合，它是一项复杂的、多层次的工作。这项工作的本质是改善儿童青少年的生活环境，帮助儿童青少年养成锻炼和活动的习惯，最终增强儿童和青少年的体质。对此，锻炼心理学有大量相关的健康行为理论可以帮助提高青少年的活动量，其中社会生态学模型抽样群体的数量众多且研究结果的推广性较强，因此在国外被大量运用于人群的体力活动干预中［蕾切尔·埃利（Rachel. E. Reilly）等，2011］，而国内有关此模型体力活动干预策略也还比较缺乏。

提高青少年体质健康，不能单纯依靠学校教育，要将家庭教育、社会教育结合起来，还要注重借助传媒进行宣传，形成全社会的共同作用，体育课程教学与家庭体育锻炼、社区体育活动都要重视，并且将家庭体育锻炼和社区体育活动、学校体育教学联系起来，可以在家庭作业、体质干预、暑期活动、日常卫生、公共安全、技能发展、比赛活动等方面建立体育课程与家庭社会体育联动的对接方式❷。

目前，对于社区的建设环境和体育活动，研究方向会因研究领域而异。地理学、城市规划、乡村规划和交通领域的学者主要对社区环境对交通模式的影响感兴趣。公共卫生、流行病学和体育领域的研究侧重于休闲步行、中等强度体育活动的总量以及体育活动是否符合推荐的体育活动量。将体育教育与城市地理学、城市社会学等多种视角和技术手段相结合，可以揭示社区建设环境与青少年体育活动的相关性、机制和驱动力。

可以发现，儿童青少年交通性身体活动水平与其住宅密度、街道连接

---

❶ 吕和武. 社区周边建成环境对儿童青少年交通性和休闲性身体活动的影响研究［D］. 上海体育学院，2020.

❷ 毛振明. 对体育课程一体化改革方向的整体性思考［J］. 中国学校体育，2018，（9）：29.

性、多样性、混合土地利用情况，与周围环境的步行、骑车设施状况以及可行性、访问性等因素呈正相关关系；而儿童青少年休闲性身体活动水平与住宅密度、街道连接性和混合土地利用情况可能呈负相关。

这说明，促进儿童与青少年休闲性活动和交通性活动的环境因素是不同的，影响程度也有不同。因此，针对不同类型的身体活动要有不同的干预措施和建成环境。研究发现，周边环境的步行性指数越高，青少年选择步行和骑车外出的比例越大，通过加速度计客观测量的身体活动水平越高。由此也可以看到，目前针对社区建成环境与儿童青少年身体活动水平关系的研究已取得了一定的成果。❶

二、国外青少年体力活动研究现状

目前全球范围内，青少年身体活动不足仍是主要的趋势，全世界 15 岁以上人群中，31.1% 未达到体力活动标准的要求。从国家层面看，东南亚国家这个比例大概是 17.0%，而美洲和中东国家达到 43%；在性别维度上，男性与女性相比，达标比例较高；从经济状况来看，收入水平越高的国家，体力活动越少；从年龄来看，年龄越大，体力活动越少。根据 WHO 的定义，健康促进主要是运用一定的行政，组织社会各方力量和资源，鼓励社区、家庭和个人共同努力，使人们提高健康意识，为健康做出行动，共同促进群体的健康水平。❷

目前已经有很多国家开展了儿童青少年体育健康促进的工作。全球身体活动行动计划（2018—2030）（Global Action Plan on Physical Activity 2018—2030，2018）指出，要想提高各国民众身体活动水平，需要经济、文化、政策等各方面的共同作用。目前很多国家和地区的儿童青少年体育健康促进行动都遵循这一原则，注重社会多方面的协作。如：美国"综合性学校体育计划（Comprehensive School Physical Activity Programs，CSPAP，2013）"要求教育主管部门、地区或州健康部门，以及学校行政部门、社

---

❶ 吕和武. 社区周边建成环境对儿童青少年交通性和休闲性身体活动的影响研究 [D]. 上海体育学院，2020.

❷ 汪晓赞，杨燕国，孔琳，童甜甜，陈美媛. 中国儿童青少年体育健康促进发展战略研究 [J]. 成都体育学院学报，2020，46（03）：6-12.

区、家庭、高校相关专业、地区商会、媒体等多部门参与，共同为儿童和青少年创建身体活动良好环境。

在这种趋势下，许多国家和地区的儿童青少年体育健康促进工作已经扩展到家庭、社区、城市规划、交通设计、媒体宣传等各领域。比如，英国的"活力的设计——体育促进健康行为计划"（Active Design：Planning for health and wellbeing through sport and physical activity，2015）提出城市、城镇、村庄、社区、街道和公园进行设计和布局时，要整合规划、设计、交通和健康等领域，提高体育活动的可达性、舒适性和机会，为儿童和青少年创造安全、便捷的活动空间。

三、国内外青少年体力活动干预研究进展

（一）国内青少年体力活动研究进展

1. 国内青少年体力活动相关研究综述

（1）国内体力活动、体育锻炼或体育参与影响因素研究

国内青少年体力活动促进研究主要从青少年体育锻炼、体育参与和健康促进的角度进行。目前人们普遍认为，体育锻炼对于青少年身心健康都有着重大的影响。然而，我国青少年体质不达标、锻炼不足已成为不争的事实。国办发〔2012〕53号文《国务院办公厅转发教育部等部门关于进一步加强学校体育工作若干意见的通知》指出，造成这一现象的原因在于，学校对体育不够重视、师资不足、评价机制不完善、场地和设施不足。除了学校方面的因素，家庭、社区的相关条件同样缺乏。目前来看，青少年长期坚持锻炼的人数相对较少，影响因素主要包括家庭经济、社会影响、健身习惯和方法、健身兴趣及价值、健身环境、学校体育政策、课业压力等，其中健身习惯和方法、健身环境及指导影响最大，健身兴趣及价值影响力最弱。付道领的博士论文比较深入地研究分析了初中学生锻炼行为的影响因素及作用机制，分别从个体变量（锻炼效能、身体效能、价值判断、锻炼动机）、学校变量（体育课程、体育教师、学校条件、锻炼机会）、家庭支持（家长健身、家长支持、家里器材）三个层面分析了每类因素影响，发现影响学生锻炼的最大因素是学业压力。

影响我国青少年体力活动的因素还包括社会生态模型中所述的各个因素，大多数研究使用学生身体健康调查问卷，获得学生对各影响因素的认知和粗略信息，再采用比较分析法进行研究。付道领博士深入研究了因素与每一层因素之间的相互作用机理，具有研究青少年体育活动行为的特定标准，但也有一些局限性：没有考虑政策变量的影响；没有系统地衡量学生的体育活动；在分析体育活动或体育参与行为的影响因素时，没有考虑各种因素之间的相互作用，只单独分析了每一层因素对运动的影响。

（2）国内青少年体力活动促进研究

目前我国对影响和限制我国青少年体育锻炼的因素仍缺乏足够的研究，因此，促进青少年体育锻炼的理论和模型还在摸索阶段，多数研究还不够系统，只针对个别影响因素，同时缺乏实证性研究。当前，相关的健康促进理论被应用于促进体育锻炼的实践中，在我国的许多地方已经建立了许多健康促进学校，进行了许多青少年健康促进的实践活动。我国相关学者提出了"凝聚 3 大主体力量、辐射 4 个领域范围、落实 5 项行动计划"的儿童和青少年体育健康全面发展战略，其主要内容体系如下❶：

"凝聚 3 大主体力量"：三大主体力量指的是家庭、学校和社区，其他的组织和机构是协作方，形成以家庭、学校和社区为主体，多方协作参与的模式，充分利用各方资源，并借助于政策和制度，共同创建一个为儿童和青少年培养积极的运动习惯和健康生活方式的全社会支持环境。

"辐射 4 个领域范围"：四个领域指的是课堂、课外、校内和校外，这四个领域涵盖了不同的时间段和空间，将这四个领域相互联系和综合，全面关注儿童和青少年参与运动的不同时间和空间，促进儿童和青少年体力活动的全方位参与。

"落实 5 项行动计划"：以学校体育发展为主要的推动力，运用一定的体育奖励机制，并鼓励家庭和社区的配合，在学校内外形成协调互助的局面。具体操作有五个方面：

（1）学校要大力开发体育课程，并提高体育教学质量。体育课程的开发应以《课程标准》为准绳，坚持"健康第一"指导思想，紧扣体育与健康学科核心素养，落实"中国健康体育课程模式"中"运动负荷、体能练

---

❶　汪晓赞，杨燕国，孔琳，童甜甜，陈美媛. 中国儿童青少年体育健康促进发展战略研究[J]. 成都体育学院学报，2020，46（03）：6-12.

习、运动技能"三大要素的基本要求，杜绝"无运动量、无战术、无比赛"的三无体育课堂。

（2）注重校园氛围的营造，提高学生的体育锻炼积极性。鼓励学生积极参与课外体育活动和课间活动，老师可以在文化课中适当添加一些几分钟的身体活动。

（3）促进学校、家庭和社区之间的互相配合。推进"活力家庭""活力校园""活力社区"的建设与评估，带动各方面的积极性，共同促进儿童与青少年的身体活动。

（4）对青少年的身体活动设立奖励机制。可以设计渐进式自我挑战项目和体育奖励机制，关注儿童青少年参加体力活动的增长性，建立以相对性为主的评价方式。

（5）运用运动智能监控。利用互联网和大数据等现代信息技术，建立儿童和青少年身体活动促进大数据平台，根据数据对学生进行考核和评估。

2. 国外青少年体力活动相关研究综述

（1）青少年体力活动影响因素研究综述

霍斯特（Horst）等学者总结了自 1999 年到 2005 年 60 篇有关青少年体力活动的研究后发现，与体育锻炼有关的变量包括性别、父母的受教育程度、态度、自我效能、目标或动机、学校运动、家庭影响和朋友支持。关于国外体育活动影响因素的一些研究是基于社会科学、行为科学和心理学的观点。西方学者分析了家长支持、家长体力活动和儿童的体力活动之间的关系。研究表明，父母的支持对孩子的体育锻炼水平有积极的影响。因此，家长亲自参加体育锻炼，能很好地带动儿童与青少年增加体力活动量。对学龄前儿童的静态行为进行调查，可以发现：在父母管教宽松的情况下，孩子会花更多时间在屏幕前。但是，一些研究也表明，父母的宽松与严厉与孩子在屏幕前的时间并没有相关性。体力活动水平与父母的体力活动水平之间也没有相关性。

一些学者研究了对学生体育活动水平有重大影响的学校环境和政策。通过改变操场的环境和班级政策，可以提高学生的体育锻炼水平。教师的体育教学方法会影响学生的体育活动。教师教授体育的方式也会影响学生的体育锻炼。此外，研究表明，女性的体育活动水平越高，锻炼的自我效能就越高，两者之间存在正相关关系。穆拉丹（Mooradian）等就肥胖的原因调查了 15 名 7～14 岁肥胖儿童，结果发现不想活动与疲劳是最重要的阻碍因素。❶

基于计划行为理论和个人行为改变理论的研究集中于个人相关因素对体育活动行为的影响。例如，德戈尔斯（Deforche）研究青少年的体育活动行为时，着重研究了社会心理因素对体育活动的影响，如个人感知到的身体活动带来的益处、从事身体活动的障碍、自我效能等。根据对个体社会认知因素与体育活动水平之间关系的分析，莫特尔（Motl）等人建立了态度、个体信念、价值观、感知的行为控制和自我效能感等方面进行社会认知因素测量方式，这些测量为进一步的研究奠定了基础。

社会生态系统模型在健康促进领域的应用和发展已广泛解释了体育锻炼的影响因素，并且在促进体育锻炼方面受到研究人员越来越多的支持。从社会生态系统模型的角度来看，影响体育锻炼的因素是多方面的，包括个人因素（心理学、认知、情感、知识、价值观等）、社会环境因素（家庭、朋友、学校、社区、公共政策等）和物理环境因素（自然环境、天气、地理位置、居住环境、学校运动场馆和设施等）。年轻人既是各种社会组织和群体的一员，也是独立的个体，影响青少年体育锻炼行为的因素也在不断变化。使用社会生态系统模型进行研究，遵循系统的普遍联系性和系统层次性的观点，研究人与人、人与自然以及人与社会等因素之间的关系，更有利于综合考虑因素与因素之间的作用机制。

社会生态系统模型早已应用于健康促进的研究中，麦克莱罗伊（McLeroy）等学者建议从战略上考虑五个层面的干预因素，它们分别是个体因素、个体间因素、组织机构因素、社区因素和公共政策因素。埃蒙斯（Emmons）进一步细化了这一模型，并在此基础上构建了体力活动促进社会生态学模型（Social Ecological Model，SEM），详细阐述了"上行"的社会结构条件影响"下行"的体力活动行为的过程。兰吉尔（Langile）在 Emmons 的 SEM 模型的假设前提下，以实证方式探索分析了 SEM 中外层的政策变量能够通过组织水平因素对学生的体力活动产生影响，但关键在于如何实施政策。

---

❶ 伍英. 湘西州城区初中生体力活动现状及影响因素研究［D］. 湖南：吉首大学，2020.

倾向因素是可导致体育锻炼行为发生变化的主要因素，它包括相关的知识、信念、价值观、态度、自信和自我效能感。促成因素是指促成行为改变的条件和资源，包括个人的身体素质、技能、设施的可及性以及与体育活动有关的相关物理环境变量。强化因素是体育活动行为发生变化后，对长期遵守常规科学体育活动的奖励措施，如父母的支持和参与、朋友的支持、老师的影响力等。

（2）青少年体力活动促进研究综述

进入 21 世纪以来，随着体力活动影响因素研究的逐渐深入，针对青少年体力活动促进模型、青少年体力活动干预的研究越来越丰富，这些模型主要包括计划行为理论模型、体重控制环境研究框架、社会生态学模型等。

计划行为的理论模型是体育活动干预中使用最广泛的动机模型，也适用于解释体育活动行为的变化。该模型认为行为取决于动机，动机决定了一个人的信念和态度以及可感知的行为控制等。许多学者已经使用这种个体行为改变的理论对青少年的体育活动进行了大量的干预研究，但是结果并不一致。一些学者还认为，计划的行为模型适合于解释成人行为的变化。对成人行为的动机影响可以达到 30%，但在青少年中不到 10%。因此，促进青少年体育锻炼需要考虑其他更重要的干预变量。

对行为的解释和预测，仅仅考虑个体水平的变量是不够的，个体行为会受到环境的制约和影响，社会认知理论、体重控制环境研究框架模型以及当前得到普遍认可和广泛应用的社会生态学模型（SEM）。

威尔克（Welk）于 1999 年根据生态学理论构建了青少年的体力活动促进模型概念框架（YPAP），为青少年体力活动促进理论和实践架起了桥梁，但它要真正用于体力活动促进实践，仍然需要大量的研究工作。帕克斯顿（Paxton），特罗斯特（Trost）等一些学者采用问卷或量表方法验证 YPAP 模型中不同组成部分之间的关系及对体力活动的影响。罗（Rowe）等学者简化了 YPAP 模型，设计了相关因素测量量表，验证了 YPAP 具有较好的内部效度和可接受的外部效度。这些后续的验证研究为将其进一步应用到体力活动促进实践中提供了决策参考。但斯彭斯（Spence）等学者分析认为，YPAP 模型并没有把政策变量考虑进去，对环境变量的分析并不确切，所以他们与其他学者在系统分析和构建体力活动环境变量的基础上，提出了更为综合的体力活动生态学模型（EMPA）。虽然 EMPA 模型几乎囊括了所有影响因素，并把它们有逻辑地联系在一起，对于体力活动促进实践具有较好的指导意义，但该模型设计更进一步给应用实践研究者增加了模型验证的困难，所以至今没有研究对其进行全面系统的有效性验证。

（二）国内外青少年体力活动促进管理研究进展

影响青少年体育活动水平的因素是多维度的，因此促进青少年参加体力活动要从多方面入手。科学研究还表明，综合干预方法产生的效果更加长久。但是，全面干预措施的实施给管理人员带来了一定的困难。因为干预措施的对象不仅有青少年、学校教师和家长等人，还包括学校、家庭和社区的硬件环境和软件环境如制度、政策、文化、价值观。设计、开发和实施的体育锻炼促进项目还需要在不同领域的专家和社会团体的参与下进行多元化的统一，以确保项目的科学性及其实施的有效性。

最早开始学校健康促进措施是 1992 年在欧洲，1995 年西太平洋国家开始实施。近年来，我国义务教育阶段的学校健康教育模式研究小组提出"学校健康促进有效模式"，以学校健康促进和优先干预项目的发展为特征，并以青少年为干预对象，努力构建学校健康教育。同时，该模式也注重吸引家长、老师和学校的支持。学校、家庭和社区融合干预年轻人身体健康的理论模型已经受到认可并开始逐步实施。

在逐步实施学校健康促进的同时，健康促进管理问题也逐渐出现，学校的管理和发展模式需要进一步完善。邓洪伟等学者在对中外健康教育管理模式进行比较的基础上，认为目前学校的健康管理工作存在资金渠道不足、评估指标缺乏等问题。此外，改善学校健康教育管理需要动员和参与社会力量，将政府、非政府组织和媒体结合起来，以充分利用健康教育管理网络。岳保柱对促进我国青少年身体健康的服务体系进行了初步分析，并从管理体系、实施体系、监督体系和评估体系四个方面进行了较为详细的讨论。现有的相关研究提供了参考资料，以帮助制定管理策略并选择促进青少年健康的管理内容和方法。学校健康促进的管理理念仍然遵循健康教育的管理理念。

第三节   青少年日常行为模式调研结果

一、睡眠状况调查结果

　　睡眠对一个人的健康至关重要，对儿童和青少年的身体和智力发育也有很大的影响。睡眠不足会导致记忆力、注意力及理解力下降，造成青少年学习退步，甚至造成其他健康问题。长期睡眠不足还会导致内分泌与神经功能紊乱、心理异常等，如心慌、胃肠功能紊乱、血压波动、情绪不稳、焦躁、心烦意乱等表现。我们的调查显示，男生的睡眠时间大多在 6 小时以上。根据卫生部提出的标准，小学生睡眠时间不低于 9 小时、中学生睡眠时间不低于 8 小时。观察对象中的男生有 124 人基本达到了标准，另有 49 人睡眠未达到国家标准，占总人数的 28%，该部分学生应注意调整学业压力和不良生活习惯，充分保障睡眠时间（如图 2-3-1 所示）。女生的睡眠时间大多在 6 小时以上，有 9 人未达到 6 小时的最低标准，25 人属于睡眠缺乏状态，105 人达到正常范围，占总人数的 70%。该结果与男生基本一致（如图 2-3-2 所示）。

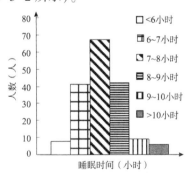

图 2-3-1　男生睡眠时间情况

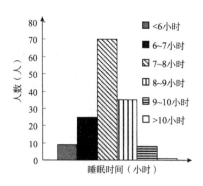

图 2-3-2　女生睡眠时间情况

二、课业负担状况调查结果

中小学生课业负担问题是影响学生全面健康成长的关键。课业负担一直是全社会关注的热点问题。虽然国家连续发文下达减负令，然而效果并不理想。沉重的课业负担对中小学生的身心健康造成了极大的危害，学生睡眠不足、体质下降、近视率高，同时侵占了学生休闲娱乐的时间。根据我们的调查，从图 2-3-3、图 2-3-4 可以看出，有 51 名男生感到课业负担较重，占全部男生的 29%。在课外作业方面，有 56 名男生用时超过 2 小时，占全部男生的 32%，这些学生在学习效率、学校在课业布置上还有较高的提升空间。从女生课业负担情况来看，有 118 人觉得作业情况一般，仅有 14 人觉得课业繁重；在时间方面，大部分学生课业维持在 1～3 小时以内（如图 2-3-5、图 2-3-6 所示）。相对男生来说，女生能更好地适应目前的课业量，但是在完成时间方面女生普遍要比男生时间长。

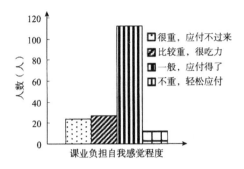

图 2-3-3　男生课业完成情况

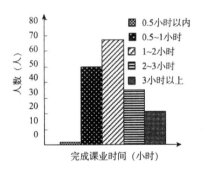

图 2-3-4　男生课业时间情况

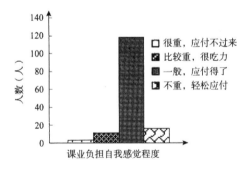

图 2-3-5　女生课业完成情况

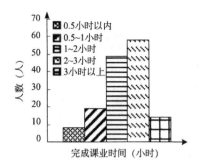

图 2-3-6　女生课业时间情况

三、与家人互动交流及出行情况调查结果

在与家人互动交流方面，70%以上男生选择与家人一起看电视，选择做作业的不到20%，可见大部分男生同家长的沟通方式选择了娱乐，而学习方面家长的参与度不到20%，这部分家长应该更多地关注学生的作业情况（图2-3-7）。

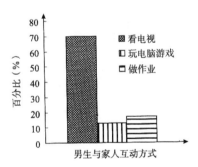

图 2-3-7　男生与家人互动交流情况

在与家人互动交流方面，有60%的女生选择与家人一起看电视，比例低于男生，有22%的女生同家长一起做作业（图2-3-8）。

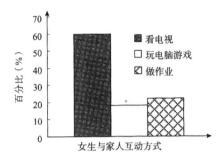

图 2-3-8　女生与家人互动交流情况

在上下学交通方式的选择上，男生步行的人数只有 9 人，超过半数的人选择了自己骑自行车出行，有 7 名男生选择了机动车出行。男生在有体力活动的交通方式上选择率为 56%，说明大部分男生在上下学回家的路上均可以增加活动时间（如图 2-3-9 所示）。

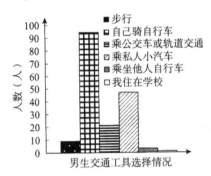

图 2-3-9　男生交通工具选择情况

在上下学交通方式的选择上，女生与男生差异较大，女生选择步行及骑自行车的人数为 66 人，比例占到总人数的 44%，低于男生有体力活动交通方式的选择率。女生乘坐私人汽车上学的比例明显高于男生，占到 30%。相对而言，女生的交通性体力活动明显低于男生（如图 2-3-10 所示）。

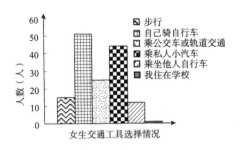

图 2-3-10 女生交通工具选择情况

选择步行和骑自行车的男生共计 108 人，在选择步行与骑自行车到学校所花费的时间方面，男生有 14 人在 10 分钟以内，有 40 人在 10～20 分钟，有 51 人在 21～40 分钟，超过 40 分钟的仅 3 人（如图 2-3-11 所示）可以看出，男生在出行时间上大部分人半小时内都能到学校。

选择步行或骑自行车从家到学校的时间方面，大部分女生在 10～40 分钟之间，40 分钟以上的有 6 人，高于男生的 3 人（如图 2-3-12 所示）。

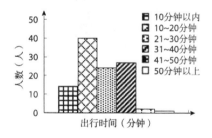

图 2-3-11 男生出行时间

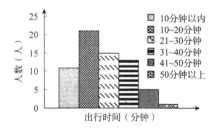

图 2-3-12 女生出行时间

四、饮食习惯调查结果

　　儿童和青少年时期是身体和智力发育的关键时期。学生身心发展需要充足的营养、合理的作息以及适当的体育锻炼。青春期身体发育迅速，人体各个器官功能都在快速增强，而大量的学习和锻炼更是需要充足的能量和营养。从图2-3-13可以看出，每天都吃早餐的有101人，占所有男生的58.3%；基本上能保证每周3～5次的有48人；有24人每周只吃1～2次早餐；无不吃早餐男生。尽管大部分男生对于早餐的重视程度比较高，学校还是应该进一步加强对少部分学生早餐营养方面的宣教，提醒学生重视早餐。

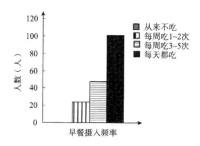

图2-3-13　男生早餐摄入情况

　　在早餐的饮食方面，女生与男生基本一致，但仍有相当一部分的女生未养成按时吃早餐的习惯，另外有2名女生无吃早餐的习惯（图2-3-14），这对于他们的健康成长是非常不利的。

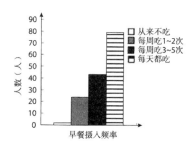

图2-3-14　女生早餐摄入情况

随着生活条件的改善，学生的零花钱也多起来，购买零食的学生也越来越多。适当地摄入有益的零食可以充饥，还可以为忙碌学习的大脑提供能量，但是零食摄入超标则对身体不利。首先，大部分的零食都是高糖、高热量，营养成分单一，会对儿童和青少年的身体和智力发育造成不良影响。大量摄入糖分和碳水，会加重身体的负担，造成肥胖。其次，由于每天不断地吃零食，使得血液一直集中在消化器官，势必会影响大脑的供氧，从而影响其机能的发挥，进而影响学习。另外，常吃零食，还会使人失去忍耐空腹的习惯。

调查显示，从来不吃零食的男生有 20 人；1～2 天吃 1 次的有 67 人，比例最高，达 38%；3～5 天吃 1 次的有 39 人；每天吃 1 次的有 21 人；每天吃零食 2 次及以上的有 26 人，占所有男生比例的 15%。从整体上看，经常吃零食的男生比例较低，仅 7 人每天要吃 4 次以上（如图 2-3-15 所示），应提醒这部分人注意改善其不良生活方式。

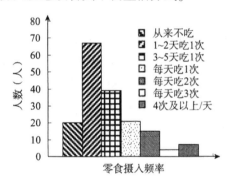

图 2-3-15   男生零食摄入情况

女生零食的摄入情况与男生趋势基本一致，女生不吃零食的比例要明显低于男生，经常吃零食的比例为 31%（图 2-3-16）。

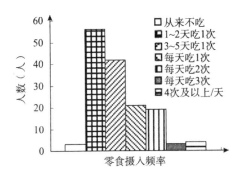

图例：
- □ 从来不吃
- ▨ 1~2天吃1次
- ▨ 3~5天吃1次
- ▨ 每天吃1次
- ▥ 每天吃2次
- ▨ 每天吃3次
- ▨ 4次及以上/天

图 2-3-16　女生零食摄入情况

　　碳酸饮料，主要成分包括白糖、香料、碳酸水、柠檬酸等酸性物质，有些还含有咖啡因、人工色素等。除糖类能给人体补充能量外，充气的碳酸饮料中几乎不含营养素。过量饮用碳酸饮料会对人体产生较大的副作用。碳酸饮料中的二氧化碳易造成肠胃功能紊乱。过多的糖分被人体吸收，会产生大量热量，长期饮用不但容易引起肥胖，还会给肾脏带来很大的负担。另外，糖分对青少年的牙齿发育很不利，会导致骨骼的钙缺失。而含有咖啡因的碳酸饮料会导致身体脱水、牙齿失去光泽。我们的前期调查显示，男生每周不喝及喝1~3次的人数为88人，占全部男生的50%；每天喝1次的有49人，占28%；每天喝2次及以上的有19人，比例为11%，其中有5人每天喝4次以上。从调查结果来看，仅有11%左右的男生需要改善对碳酸饮料的依赖（如图2-3-17所示）。

　　女生在碳酸饮料方面的摄入情况，趋势与男生基本一致，58%的女生能控制在每周喝1~3次，另有5%的女生过量饮用碳酸饮料（如图2-3-18所示）。

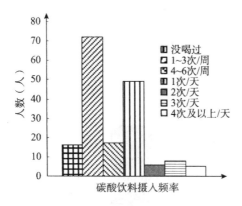

图 2-3-17　男生碳酸饮料摄入情况

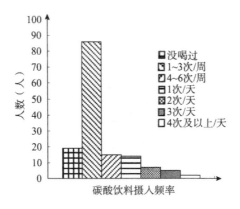

图 2-3-18　女生碳酸饮料摄入情况

五、体育运动参与情况调查结果

（一）体育消费

当前，人们的生活水平不断提高，青少年作为一个纯粹的"消费者"还缺乏独立的经济基础，其体育消费主要表现为家长购买运动器械、运动服、运动鞋等基本体育用品上。从家中运动器械情况的调查可以看出，143 名男生的家庭有运动器材的投入，比例达到 81%。但是在购买运动服装和运动鞋方面就差了一些，只有 103 个男生有购入，比例为 59%。总体来看，男生家庭对于体育消费方面的投入是比较合理的（如图 2-3-19、图 2-3-20 所示）。

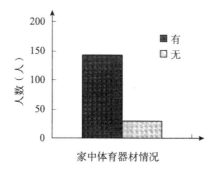

图 2-3-19　男生家中体育器材情况

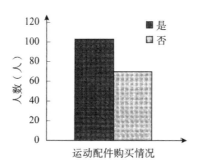

图 2-3-20　男生运动配件购买情况

图 2-3-21、图 2-3-22 显示的是女生家庭运动器材及购买运动配件的调查情况。其中，有 123 名女生家里有健身器材，比例为 82%；有 91 人近期有购买运动服（鞋）的打算。

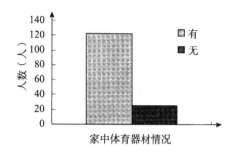

图 2-3-21　女生家中体育器材情况

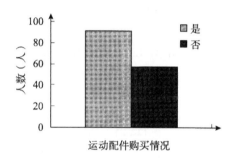

图 2-3-22　女生运动配件购买情况

（二）体育锻炼行为

"人的行为是个体与环境相互作用的结果"，根据这一行为的定义，体育锻炼行为是人们在内在动因与环境交互作用下表现出来的有利于促进身体健康的躯体活动。即体育锻炼的内涵是人们在促进身体健康的目的下的身体活动，主要表现为运动的频率、运动的时间及运动的空间。

适度的体育锻炼对于学生的身体素质、身心健康发展具有非常重要的意义。我们的调查发现，在过去的一周，男生平均每天用于体育锻炼的时间有 47 人不足 30 分钟，比例占到 27%；82 人的运动时间达到 30～60 分钟；另有 47 人属于经常进行体育锻炼的学生，其中 19 人的运动量偏高，运动量过大可能造成学生长期处于疲劳状态，影响学生正常的学习及生长发育（如图 2-3-23 所示）。

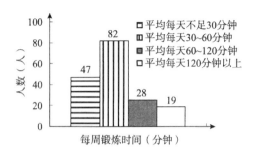

图 2-3-23　男生每周锻炼时间情况

图 2-3-24 显示的是女生每周锻炼时间的情况，可以看出平均每天不足 30 分钟的有 36 人，占总人数的 24%；有 69 人在 30～60 分钟之间，比例达到 46%，锻炼时间过长的有 12 人，比例为 8%。锻炼时间不合理的比例为 32%，这部分女生应该适当调整锻炼时间。

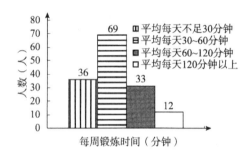

图 2-3-24　女生每周锻炼时间情况

（三）体育氛围

体育氛围是指人们在参与体育活动时产生的一种气氛，体育的氛围对人会产生感染力。人在浓厚的体育氛围中会产生生理和心理上的变化，会更加积极地参与到体育活动中。

我们的调查结果发现，男生参加体育锻炼主要是与同学、朋友一起，占半数以上，其次就是与家人一起运动，另有 35 人选择独自进行运动（图 2-3-25）。在运动伙伴的选择方面，有 46 名女生选择了与同学或朋友一起运动，占总数比例的 31%，另有 43 人选择了与家人一起运动，这一比例明显高于男生，女生在运动方面与家人的沟通程度要明显高于男生（图2-3-26）。

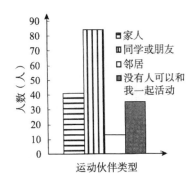

图 2-3-25 男生运动伙伴情况

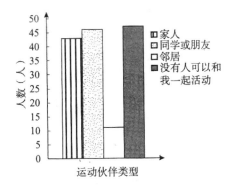

图 2-3-26 女生运动伙伴情况

图2-3-27显示的是家人对男生体育锻炼的支持度。其中，选择支持的有161人，占91%；不太支持的仅有11人，强烈不支持的仅有4人。可以看出男生家长对于"体育运动对学生身体健康有良好的促进作用"这一观念比较认可，这也为学生的全面发展提供了充分的保障。

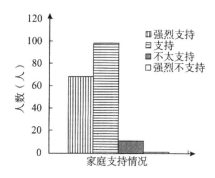

图 2-3-27　男生家庭运动支持情况

　　图 2-3-28 显示的是家人对女生体育锻炼的支持度，选择支持的有 146 人，不太支持的有 4 人，无强烈不支持的家长。在对体育参与的支持度上，女生家长的支持度高于男生家长。可见，家长对"女生通过锻炼增强体质"这一观念更强一些。

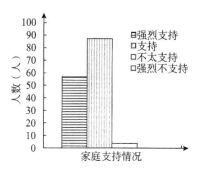

图 2-3-28　女生家庭运动支持情况

（四）体育锻炼的强度

　　适度的剧烈运动可以更有效地提高学生的心肺功能、运动能力，缓解学习的压力。男生每周剧烈运动 1～3 天的有 50 人，比较合理的每周剧烈运动 3～4 天的有 59 人，占到男生比例的 34%（如图 2-3-29 所示）。另有 37 人每周的剧烈运动天数较多，其中 8 人达到了每天均有剧烈运动。这一现象是不合理的，容易导致运动性贫血、情绪低落、食欲不振等问题。

　　图 2-3-30 是对男生剧烈体力活动时间的调查，每天 21～40 分钟是最合理的，有 67 人，比例为 38%。进行 60 分钟以上剧烈活动的有 4 人，该部分学生的运动总量偏高，应适度减少。

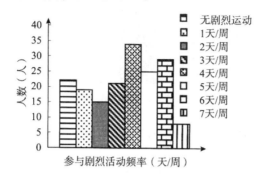

图 2-3-29　男生参与剧烈体力活动频率情况

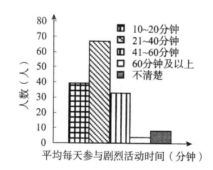

图 2-3-30　男生参与剧烈体力活动时间情况

　　女生的生理特点不允许有过量的剧烈运动出现，从图 2-3-31 可以看出，比较合理的每周 3 天参与剧烈运动的人数有 30 人，占所有女生的 20%；另外每周 5 天及以上运动次数的女生有 19 人，比例为 13%；无剧烈运动的女生有 45 人，比例为总人数的 30%。女生参与剧烈运动的次数相比男生少许多，但是仍有部分女生激烈运动的次数过多，需要提示其注意调整运动方式。

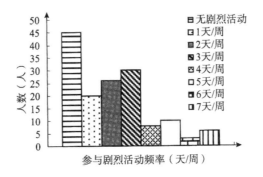

图 2-3-31　女生参与剧烈体力活动频率情况

图 2-3-32 是对女生参与剧烈体力活动时间的调查结果，每次 21～40 分钟是最合理的，有 38 人，占有剧烈运动女生总人数比例的 36%。进行 60 分钟以上剧烈活动的有 3 人，该部分学生的运动总量偏高，应适度减少。

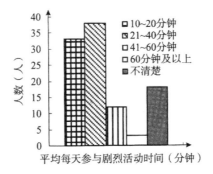

图 2-3-32　女生参与剧烈体力活动时间情况

中等强度的体力活动对于学生调节学习压力、保持良好的体重具有重要的作用。图 2-3-33 调查结果显示男生中有 33 人无中等强度体力活动，其余除 3 天/周及 7 天/周外均分布均匀。总体来讲，少于 4 天/周的中等体力活动是不足的，有 90 人属于此列，占总数的 51%，该部分学生应该多参与体育运动。图 2-3-34 是对男生参与中等体力活动时间的调查。每天 41～60 分钟是较合理的，有 35 人，占有中等强度体力活动的男生比例为 24%，另有 77 人运动时间偏短，比例占到一半以上，可能达不到较好的锻炼健身效果。需要指出的是，有 22 人对自己中等强度的运动时间选择了不清楚，说明该部分学生个人体育锻炼并不是一个规律性的行为。

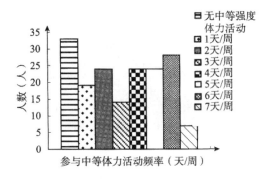

图 2-3-33 男生参与中等体力活动频率情况

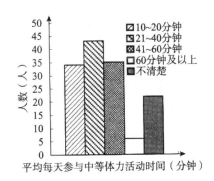

图 2-3-34 男生参与中等体力活动时间情况

中等强度的体力活动是比较适合女生经常参与的，从图 2-3-35 可以看出，女生的中等强度体力活动主要集中在 3～4 天/周，人数有 75 人，占所有女生比例的 50%；另外有 60 名女生每周参与次数较少，有 7 人每天都进行中等强度的体力活动。相对来说，女生在频次上要明显低于男生，尤其是每周活动 5～6 天的人数。

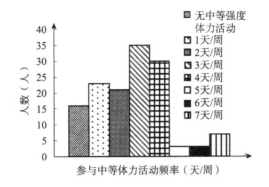

图 2-3-35　女生参与中等体力活动频率情况

步行是人类最基本的一种体力活动，也是公认的最佳的人体活动方式。通过加强步行活动，人们有效地缓解久坐带来的各种问题，同时可以调节情绪，缓解精神压力。

图 2-3-36 显示有 62 名男生保持着每周 6 天的步行活动，有 78 人低于每周 6 天，青少年学生在步行方面较少的原因可能是其参与的运动大部分都是中等强度以上的以跑步为主的运动。从图 2-3-37 可以看出男生在步行时间方面也偏少一些，大部分在每天 40 分钟以内。

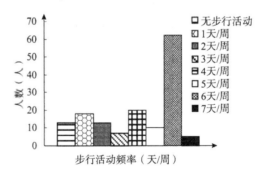

图 2-3-36　男生步行活动频率情况

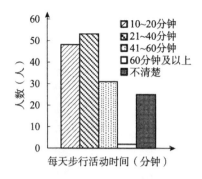

图 2-3-37　男生步行活动时间情况

青少年由于课业压力大，需要久坐，很多学生在久坐中养成了懒惰的习性，不愿外出活动，而久坐会对青少年身心健康产生许多不良影响，如颈椎病、近视、自闭等。

图 2-3-38 显示的是男生久坐时间的分布情况，其中有 92 名男生每天久坐时间在 8～10 小时，按学生上课时间为 6 小时（8 节课）计算，他们的课余久坐时间为 2～4 小时；另有 22 人课余久坐时间超过了 4 个小时，这对于其健康的影响是很大的，应提示其尽量多安排一些体力活动。

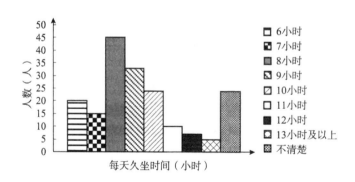

图 2-3-38　男生久坐时间情况

步行是缓解学习压力、保持身体健康的最好运动方式，在生活中步行次数、时间长短会直接影响到学生的健康成长。图 2-3-39、图 2-3-40 显示的是女生参与步行活动的情况，可以看出女生基本维持在每周 4～6 次的频率，占总数的 63%，步行次数偏少的人数为 48 人，比例为 32%。大部分女生处于每次 10～60 分钟的水平。总体上可以看出，女生在步行频数和时间上都要高于男生。

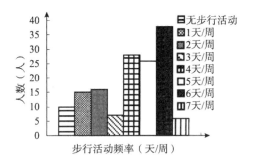

图 2-3-39　女生步行活动频率情况

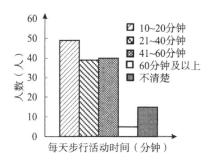

图 2-3-40　女生步行活动时间情况

　　图 2-3-41 显示的是女生每天久坐时间的分布情况，可以明显看出：女生每天久坐在 8～10 小时的人数较多，有 75 人，占所有女生的 50%。女生的情况整体要比男生多一些，尤其是久坐达到 10 小时的人数明显多于男生。

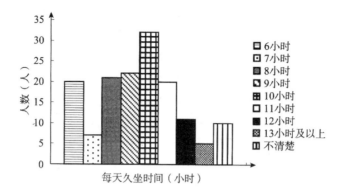

图 2-3-41　女生久坐时间情况

第四节　青少年日常体力活动水平现状调研结果

本研究采用 ActiGraph GT3X 型加速度传感器及 ActiLife 5 软件进行体力活动调查，仪器佩戴于受试者身体右侧髋部，连续佩戴 7 天（包括 5 个上学日和 2 个周末日），在学校正常活动和日常生活中都需佩戴。

一、不同性别中学生体力活动水平比较

我们在调查时，对不同性别中学生体力活动水平进行了调研和比较。经过对男生、女生分别进行测试之后，我们得出了测试结果（见表 2-4-1 所列）。

图 2-4-1 显示的是调研学生群体进行中等强度以上体力活动的时间。

图 2-4-2 显示的是男生、女生在进行体力活动时的能耗对比。

表 2-4-1　不同性别中学生体力活动测试结果（X±S）

性别 （样本量）	久坐时间 （分钟/天）	中等强度以上 体力活动时间 （分钟/天）	体力活动能 耗 PAEE （千卡/天）	体力活动能耗 相对值 PAEE （千卡/天/千克）
男生（n=149）	556.53±88.49	54.69±21.96	686.59±150.86	11.94±3.75
女生（n=142）	582.15±92.17	47.43±19.34*	597.07±180.33**	11.09±3.23

注：* P>0.05，** P<0.01.

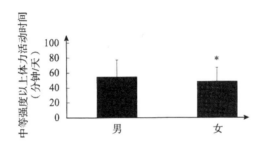

图 2-4-1　学生中等强度以上体力活动时间

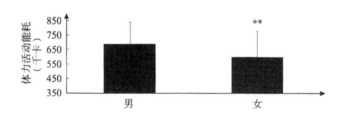

图 2-4-2　男、女生体力活动能耗比较

二、不同年龄学生体力活动测试结果比较

我们在调查时，对不同年龄段中学生的体力活动水平进行了调研和比较。经过对 12～17 岁年龄阶段的中学分别进行测试之后，我们分别得出了男生的测试结果（表 2-4-2）与女生的测试结果（表 2-4-3）。从数据结果我们可以看出，14～16 岁男生的中等强度体力活时间在 1 个小时，而

12 岁、13 岁、17 岁男生的中等强度体力活时间均小于 1 个小时；12～17
岁女生的中等体力活动时间均小于 1 个小时，平均只有 40 几分钟，可见女
生的体力活动水平确实有待进一步加强。

表 2-4-2　男生体力活动测试结果（X±S）

年龄	久坐时间 （分钟/天）	中等强度以上 体力活动时间 （分钟/天）	体力活动能 耗 PAEE （千卡/天）	体力活动能耗 相对值 PAEE （千卡/天/千克）
12 岁	541.48±77.27	52.74±16.00	639.57±139.17	12.79±3.42
13 岁	563.56±97.61	49.15±23.43	677.92±193.69	11.73±3.47
14 岁	569.32±76.31	60.83±17.68	683.77±138.91	12.04±3.13
15 岁	531.31+105.54	61.65+23.52	707.51+156.41	13.05+4.91
16 岁	553.75±84.46	58.11±27.63	670.49±126.43	11.39±3.87
17 岁	568.27±92.96	49.78±18.15	625.62±145.04	10.88±4.22

表 2-4-3　女生体力活动测试结果（X±S）

年龄	久坐时间 （分钟/天）	中等强度以上 体力活动时间 （分钟/天）	体力活动能 耗 PAEE （千卡/天）	体力活动能耗 相对值 PAEE （千卡/天/千克）
12 岁	563.61±109.73	42.99±18.94	595.80±201.46	10.27±2.59
13 岁	574.12±83.66	47.47±16.98	560.0l±149.06	11.36±2.88
14 岁	574.90±82.22	48.67±19.19	606.55±179.90	11.44±3.57
15 岁	597.41±88.21	49.52±20.06	596.34±184.67	11.90±2.96
16 岁	586.76±103.29	48.98±24.24	565.63±140.95	10.95±4.82
17 岁	603.92±96.84	42.07±16.91	624.01±165.77	10.57±2.73

三、不同 BMI 的学生体力活动水平测量结果比较

身体机能的维持需要一定的体力活动。2008 年，美国健康与人类服务
部（HHS）在体力活动指南中指出：青少年每天应该进行至少 60 分钟的
身体活动，其中包括每天进行至少 60 分钟的中等或高强度的有氧体力活

动，中等以上体力活动强度一般需达到 3～6METs。本研究表明，学生每天中等以上体力活动时间者都没有超过 60 分钟。根据中国肥胖问题工作组的中国学龄儿童青少年超重、肥胖筛查体重指数值分类标准，对青少年进行 BMI 分组（表 2-4-4）可知，肥胖男性组的久坐时间长于正常组，且有显著差异。肥胖女孩组和正常组之间的久坐时间没有显著差异，但是肥胖女孩组高于正常组，肥胖的青少年在饮食中摄入过多的高脂、高热量食物。统计数据显示长时间坐着不利于消耗能量。肥胖与正常男性和女性之间在体育活动和中等强度以上体育活动的相对能量消耗上存在显著差异。肥胖人群的体育活动水平较低，更容易坐着，体育活动较少，久坐会降低静息代谢率，而摄入过多的能量会增加青少年患慢性病的风险。根据对学生身体素质的综合评价，优秀组的体育活动时间明显大于及格组和不及格组的体育活动时间，及格组比不及格组的体育活动时间长，因此可以推断出，学生的全面身体素质和体育锻炼有相关关系。

表 2-4-4　不同 BMI 学生体力活动水平的比较测试结果（X±S）

	对象	久坐时间 0（分钟/天）	中等强度以上 体力活动时间 （分钟/天）	体力活动能 耗 PAEE （千卡/天）	体力活动能耗 相对值 PAEE （千卡/天/千克）
男	正常 （n=87）	544.70±82.30	58.36±23.38	689.19±149.43	12.79±4.09
	超重 （n=30）	547.22±90.01	53.69±19.82	693.67±141.67	11.31±3.10
	肥胖 （n=30）	600.14±93.59	45.03±16.61	671.98±167.35	10.11±2.33
女	正常 （n=107）	585.58±94.20	48.06±18.59	596.24±178.44	11.25±3.18
	超重 （n=23）	553.17±84.01	25.86±21.62	625.69±208.34	11.71±3.32
	肥胖 （n=14）	607.09±81.95	31.44±13.55	549.54±137.92	8.52±2.39

四、不同地区的学生体力活动问卷调查现状

本次调研在厦、漳、泉等城市分别选取一级、二级和三级达标学校的儿童青少年7～18岁各600名，采用《国际体力活动量表》对其进行体力活动情况的调查，结果发现男、女生的身高和体重总体处于正常发育水平，不同年龄段的男女生身高和体重呈现随年龄增长而提高的生长态势，见（表2-4-5）。

表 2-4-5　闽南地区学生的基本情况表

项目	类别	频率	百分比	体重 kg	身高 cm	BMI 指数
性别	男	923	51.3%	53.74±16.56	159.43±16.43	19.71±4.26
	女	876	48.7%	47.89±13.75	155.03±12.63	19.42±3.78
年龄段	7～9岁	291	16.2%	28.89±8.82	128.91±8.51	17.86±3.75
	10～12岁	401	22.3%	42.32±14.53	144.64±12.67	18.94±4.84
	13～15岁	561	31.2%	55.29±13.61	160.93±9.52	19.96±3.98
	16～18岁	545	30.3%	63.29±12.68	169.81±8.23	21.06±4.39

研究发现，近几年来青少年的身高、体重和胸围等指标不断增长，而其他方面的身体素质如肺活量、速度、体能和耐力都在下降。这种现象被证实与青少年久坐和缺乏锻炼有关，身体活动不足会造成体内多余脂肪并进一步形成肥胖症。中等强度以上的体育锻炼可以增强青春期的肌肉力量并改善心肺功能。根据国际标准，我国目前青少年的体育活动水平不合格，高于中等强度的体育活动水平不到1个小时。

第五节　我国青少年体力活动及其生态学环境

一、青少年体力活动行为

《中国儿童青少年体育健身指数评估报告（2017）》显示，我国小学生、初中生和高中生每天 1 小时中高强度体力活动的得分仅分别为 17.7、9.8 和 6.5 分，儿童青少年身体活动水平指标得分仅为 11.4 分，虽然我国儿童青少年日常体育健身活动方式较为丰富（77.8 分），但体育健身行为指数综合得分也仅为 40 分。与之相比，体育健身环境指数 74.8 分、体育健身效果指数 80.1 分，提示我国儿童青少年体育健身在效果、环境和行为上存在着较为明显的"倒挂现象"。同时，体育健身总体上处于一种"被动参与"的状态。体质健康水平的得分明显高于健身意识的得分。

同样具有代表性意义的是我国在 2016 年"全球儿童青少年体力活动峰会"上发布的上海和香港《报告》。根据上海市数据，每天参加 60 分钟以上中高强度体力活动的儿童青少年比例仅为 19.7%（男 21.6%，女 17.6%）。2014 年《报告》中各国青少年参与组织化体育锻炼（校运动代表队和社会性俱乐部）的平均比例约为 50%，而 2016 年上海市青少年参加比例仅为 14.9%（男 17%，女 12%），其原因可能是我国青少年体育俱乐部较少。22.3% 的青少年在过去一周中有 4 天参加自主性体力活动，其原因可能是中国青少年较大的课业负担和较少的课外活动场地。32.7% 的青少年步行上下学，8.4% 的青少年骑车上下学，37.7% 的学生乘坐私家车上下学。75.2% 的学生工作日每天至少 2 小时处于静态行为，88.6% 的学生在周末日每天至少 2 小时处于静态行为。总体上看，上海市在"体力活动总体水平""组织性体力活动"和"静态生活方式"三个指标中评级仅为 F，"上下学交通方式"低于全球整体水平，"组织性体力活动"严重低于全球整体水平。

2014 年国家体育总局体质监测中心抽样对 49 308 名 6～19 岁儿童青少

年的"入户调查"数据显示，如果不考虑户外玩耍和上下学交通行为因素，仅 14.4% 的儿童青少年每天 MVPA 时间可达到 60 分钟，且随年龄增长呈下降趋势。2016 年中国学龄儿童青少年体力活动和体质健康研究（PAFCTYS）对 90 712 名小学、初中和高中学生的问卷调查表明，我国儿童青少年日均 MVPA 时间为 45.4 分钟，男生略高于女生（47.2 分钟 VS 43.7 分钟），城市学生略高于乡村学生（46.9 分钟 VS 44.8 分钟），MVPA 时间总体达标比例为 29.9%，男生略高于女生（32% VS 38%），达标比例随着年级的上升而下降，小学 4～6 年级学生、初中生、高中生的日均 MVPA 时间分别为 49.2 分钟、47.7 分钟和 39.9 分钟；屏幕时间未达标（日均超过 2 小时）的学生比例为 36.8%。除此之外，近年来还有大量国内学者发表了对各大省市青少年体力活动的测量结果，测量方法主要为加速度计（GT3X 或 GT3X+）和调查问卷，总体上看，达到 WHO 体力活动标准的青少年比例较低，青少年静坐时间较长（如表 2-5-1 所列）。

表 2-5-1　近年来部分学者对青少年体力活动的抽样监测数据

学者	地区	年份	学段	人数	工具	主要结果
李红娟	北京	2013	初中 1～2 年级	81	GT3X+	在校期间，女生日均 MVPA 为 47.2±16.0 分钟，男生为 67.3±20.5 分钟
左弯弯	南京	2012	小学 2～4 年级	261	GT3X	男女生 MVPA 时间分别为 44.31 分钟/天、39.04 分钟/天；肥胖儿童周末中等以上体力活动时间为 5.91 分钟/天，正常儿童为 38.43 分钟/天
程艺	成都	2014	10～17 岁	295	调查问卷	青春期前期、中期和后期组每天用于体育锻炼的时间达到 1 小时以上分别为 43.43%，45.65%，19.36%
薛红妹	成都	2015	7～15 岁学生	2164	调查问卷	13～15 岁年龄组看电视、使用电脑及做家庭作业 3 种静态生活方式的时间长于其他年龄段

学者	地区	年份	学段	人数	工具	主要结果
阿斯亚阿西木	成都	2013	8～17岁	1402	调查问卷	每天静坐超过2小时的比例为60.41%，43.65%的学生步行到学校，40.66%的学生未参加课外体育锻炼
全明辉	上海	2014	9～17岁	369	GT3X	学习日男女生步行量分别为8753±1939和7445±1655步/天；周末男女生步行量分别为5921±2666和6091±3065步/天
何小龙	上海	2017	9～17岁	297	GT3X	男、女生日均MVPA时间分别为26.8±11.8分钟和24.1±13.5分钟
郭海军	沈阳广州成都武汉	2016	中小学生	10909	调查问卷	每周达到中高体力活动水平的学生分别占29.1%和31.5%；平均静坐活动时间为158.6±154.3分钟/天，53.7%的人每天静坐活动2小时及以上。每周平均有4.0±1.9天、每天44.9±39.5分钟参加中等强度体力活动
贾小芳	12省市	2011	7～18岁	1470	调查问卷	校外体育活动、在校体育活动、家务性劳动、活跃性上下学交通行为和静坐行为活动量的中位数分别为39.9、12.6、11.0、6.0和每周36.1MET-h。48.7%达到每周中高强度体力活动至少21MET-h的标准
王超	成都	2016	初一至高三	120	GT3X+	残疾学生日均MVPA时间30.3±13.2分钟；1.7%的残疾学生达WHO推荐标准

学者	地区	年份	学段	人数	工具	主要结果
王超	天津等11市	2013	9～17岁	2163	GT3X	日均 MVPA 时间 28.3±17.7 分钟,上学日(30.2 分钟)高于周末(23.6 分钟),分别有 9.4% 和 1.9% 的男女生达到 WHO 推荐标准
周誉	北京	2018	高一	208	GT3X	在校期间,受试者80%以上的时间处于静坐少动状态,持续静坐少动时间平均为199分钟,且女生的静坐少动总时间、持续静坐少动时间均显著高于男生❶

根据"中国儿童青少年体育健身指数评估报告(2017)"中的数据,屏幕前时间和作业时间占据了我国儿童青少年的大部分课外时间(如表2-5-2所示),指数中的"静态行为方式"指标得分仅为14.8分。

表2-5-2 中国儿童青少年屏幕时间和作业时间

年级	小学四年级	小学五年级	小学六年级	初一	初二	初三	高一	高二	高三
每日屏幕时间	1.7h/d	1.9h/d	2h/d	2.1h/d	2.3h/d	2.1h/d	1.8h/d	1.9h/d	1.7h/d
每日作业时间	1.3h/d	1.3h/d	1.4h/d	1.8h/d	1.9h/d	2h/d	2.1h/d	2.1h/d	2h/d

二、青少年体力活动环境

(一)国家对青少年体力活动的重视情况

近年来,国家加大了对青少年体力活动的重视。2014 年 4 月 28 日,

---

❶ 周誉,冯强.北京市西城区高一学生静坐少动行为研究[J].中国运动医学杂志,2018,37(10):833-838.

教育部下发了《学生体质健康监测评价办法》《中小学校体育工作评估办法》与《学校体育工作年度报告办法》，并在同年 6 月发布了《高等学校体育工作基本标准》，2015 年 5 月又印发了《学校体育运动风险防控暂行办法》。2016 年国务院颁发 27 号文《关于强化学校体育促进学生身心健康全面发展的意见》。2016 年发布的《"健康中国 2030"规划纲要》明确提出："实施青少年体育活动促进计划，培育青少年体育爱好，基本实现青少年熟练掌握 1 项以上体育运动技能，确保学生校内每天体育活动时间不少于 1 小时；到 2030 年，学校体育场地设施与器材配置达标率达到 100%，青少年学生每周参与体育活动达到中等强度 3 次以上，国家学生体质健康标准达标优秀率 25% 以上。"这些政策措施都为青少年体力活动提出了明确的要求。在 2011 年卫生部疾病预防控制局首次颁布了我国第一部《中国成人身体活动指南（试行）》，针对成人群体的身体活动提出了每日活动当量、活动方式及活动指导等内容。2018 年 1 月，《中国儿童青少年身体活动指南》发布，首次提出了我国身体健康的 6～17 岁儿童青少年每天身体活动的推荐量：每日至少累计达到 60 分钟的中、高强度身体活动（大多数为有氧身体活动），包括每周至少 3 天的高强度身体活动和增强肌肉力量、骨骼健康的抗阻活动，这与世界卫生组织的推荐量一致。这份指南为我国儿童青少年开展体力活动提供了参考依据。虽然国家层面不断强调开展身体活动与健康促进的重要性，学界围绕课内课外和校内校外的体育健康促进干预策略也有一些研究，但我国仍然缺少系统性、综合性、可操作的儿童青少年体育健康促进行动干预方案及明确有效的评价策略。

我国还在全国范围内开展了多项具有影响力的体育文化活动。在 2007 年"全国亿万青少年学生阳光体育运动"启动之后，国务院又在 2008 年设立了"加强青少年体育部际联席会议制度"。2011—2017 年，在山东青岛市、内蒙古赤峰市、河北秦皇岛市、吉林长春市、陕西渭南市、宁夏银川市分别举办了 6 届"全国青少年'未来之星'阳光体育大会"，在牡丹江等地举办了 3 届"冬季阳光体育大会"。近几年，"校园足球"也在全国范围内蓬勃开展，对青少年体力活动起到了强有力的带动作用。

除了具有良好的政策环境外，我国青少年体力活动的学校环境也相当不错。作为我国学校体育的主管部门，教育部不断完善体育课程标准。目前，我国要求小学每周体育课不低于 4 节，初中和高中的体育课应达到每周 3 课时，大学一、二年级体育课必须达到 144 学时。在"一校一品建设工程"的推动下，许多学校建立了体育校本课程，形成了大量的体育特色教学内容。体育设施不断完善，师资力量不断提高。2013 年，教育部牵头组建了全国学校体育联盟，并陆续组建各个项目的院校联盟，进一步提升了学校体育工作的专业性。但是，我国的学校体育环境还存在区域发展不平衡、场地设施条件不足、课内外体育活动得不到充分保证、体育师资力量不足等问题，需要在今后的工作中继续加以完善。除了政策环境和学校环境外，目前我国青少年体力活动的人际环境与社区环境的数据分值还比较低。

（二）来自"中国儿童青少年体育健身指数"的数据

《中国儿童青少年体育健身指数评估报告（2017）》显示，我国儿童青少年体育健身环境指数为 74.8 分，体育健身环境失衡发展是我国儿童青少年体质健康促进过程中的重大隐忧。在五个环境要素上，学校环境得分最高（84.6 分），制度环境（74.6 分）、家庭环境（74.7 分）和人际环境（76.7 分）得分相当，社区环境（43.3 分）得分最低（表 2-5-3）。

表 2-5-3　中国儿童青少年体育健康指数之体育健康环境各要素得分

一级指标（得分）	二级指标（得分）
制度环境（74.6 分）	政策知晓度（43.6 分）
	政府部门协调（81.1 分）
	政策执行（81.3 分）
学校环境（84.6 分）	场地器材（65.7 分）
	学校体育氛围（77.5 分）
	体育时间保障（86.7 分）
	体育师资（90.2 分）
	领导重视（93.5 分）
家庭环境（74.7 分）	客观支持（71.1 分）
	主观支持（79.9 分）

一级指标（得分）	二级指标（得分）
社区环境（43.3分）	社区体育组织（26.3分）
	社区体育活动（32.4分）
	社区体育设施（65.7分）
人际环境（76.7分）	同伴支持（76.7分）

（三）来自上海和香港《报告》的数据

2016 年全球儿童体力活动大会发布的联合《报告》显示，上海市学校的总体情况较好，学生的体育满意度、学校领导重视、场地器材情况、每天锻炼 1 小时的执行情况、体育课和大课间活动的开展情况 6 个方面平均比例为 80.1%，因此学校的评级为 B+，是《报告》中评级最高的指标。但是，场地和大课间活动情况较差。在"家庭"维度，73.9% 的家长对子女参与体育锻炼持积极态度，但更多停留在观念支持层面，行动表率较为欠缺。值得注意的是，上海市社区的体力活动场地、组织与活动 3 个方面发展极不均衡，青少年认可自己所住社区有体力活动设施、有相关组织（如体育俱乐部）、开展了青少年健身活动的比例分别为 55.3%、16.7% 和 28.4%，表现为"有设施、缺组织、少活动"。此外，对青少年体力活动促进政策较为了解的家长不足 3 成（26.7%），说明相关政策的宣传力度和投入都有待提高。

香港的青少年体力活动生态学环境大致处于国际平均水平。香港《报告》显示，每周同父母至少参加 1 次体力活动的儿童和青少年比例分别为 37% 和 23%；77% 的小学每周体育课时间达到 70～120 分钟，85% 的学校设立了体育日，分别有 28% 和 42% 的学校具有成文和未成文的体力活动促进政策；大部分 12 岁以上的青少年对社区体力活动设施满意，60%～79% 的青少年家长认为所住社区安全。

第三章 青少年体力活动影响因素与健康测评

青少年体力活动影响因素是多方面的，并且与青少年健康测评有非常密切的联系，本章将对青少年体力活动影响因素、我国青少年体质健康现状调查与原因分析以及青少年体力活动与健康测评进行研究与阐述。

第一节 青少年体力活动影响因素

一、影响青少年体力活动的社会学因素

（一）自然环境

近年来世界各国城市化进程加快，导致青少年正不断远离大自然，因此大力提倡将废弃的用地进行改造，并构建成适合不同年龄段青少年游玩活动的固定区域，例如游泳馆、健身馆、球场、营地等游乐设施，在培养青少年身心健康的同时，也可以让青少年近距离地接触大自然。在城市有关初中生体育锻炼方向进行探索时我们注意到有以下几个影响因素。

（1）首先是天气因素，初一的学生年龄相对初二、初三学生小一些，所以对于天气的变化承受能力没有那么强，在户外活动时受天气的影响就更大一些。

（2）再从性别特征方面来看，男生进行锻炼的比例比女生高，这主要与男生所进行的运动有关。

地方乡镇初中学生锻炼的限制因素，也是以天气因素为主，乡镇中学

因为天气因素，没有办法进行锻炼的学生人数远远要高于城区和县区，主要原因是乡镇运动锻炼设施不完善，导致乡镇学生对于天气的依赖性比较大，加之没有好的室内运动场所，所以只有足够好的天气，才能够在户外进行锻炼。

我国目前建立的新型体育设施，还仅限于部分城市的新型社区内，所以大部分青少年都选择在户外运动，例如打篮球、做游戏、跑步、跳绳等。这些户外运动受天气影响较大，也会让青少年对运动锻炼产生排斥心理，大大地降低积极性，所以建设更多的室内体育活动场所是解决此类问题的主要方案。

校园内的绿化也可能对青少年的锻炼活动产生一定的影响。校园绿化环境设施不仅仅影响到学生的活动范围，也影响到了学生活动时的心情。在非常热的环境下运动，如果没有植被的遮挡，不是烈日就是寒风，导致一些学生最终放弃户外的体育活动。良好的校园绿化可以直接影响到青少年学生体育活动的参加率，相反，如果学校的绿化环境不良，例如在公共环境下晾晒衣物、拖把等，直接就会影响到青少年对于大自然环境的选择。所以良好的校园环境和良好的自然环境相结合，才能提升青少年对体育活动的积极性。

（二）社会环境

1. 国家机制和政策

在国际上，很多国家使用了一整套的宏观政策，甚至建立了健全的立法来完善当地居民身体活动量，有的已经取得了一定的成就。例如，美国建立了儿童与青少年身体活动教育的立法，一共有22项，并根据实际情况进行修订；加拿大政府为了督促青少年儿童提高体育锻炼，也推出了许多免税政策，例如16岁以下的青少年父母可以为他们注册相关的体育健康计划，减少税收；2015年，巴西政府为4000个城市的社区免费提供了运动设施设备和相关人力资源。

我国的传统教育观念偏重智育的发展，对于体育运动方面的思想教育并不是很重视，现在这一情况有所改善，但与国际先进水平还存在差距。

2. 学业压力

限制中小学生参加学生"阳光体育运动"的因素是多方面的，其中学生的学习负担过重、家长对学生参加体育活动不支持是重要原因，锻炼活动随年级升高呈逐渐下降趋势。许多学校以提高升学率为首要任务，造成学生课业负担过重，压缩了学生的休息和运动时间，尤其是小学六年级、初中三年级、高中三年级的体育课，课时严重减少，甚至直接取消。此外学校体育比赛的次数也在减少，学生从早到晚坐在教室里，课间仅有 10 分钟的休息时间，在教室与厕所间的往返可能是他们最长的跑步路线。

3. 家庭环境

青少年的家庭环境也是影响青少年体力活动的因素之一。美国的一位社会学家 P. 布劳曾经指出："一个人出身的家庭对他的爱好有着深刻的影响，因为他的爱好取决于他所处的环境教育，而他所处的环境又在很大程度上取决于他的家庭。"由此可见，家庭因素对青少年的体力活动有很大影响。

现今我国的独生子女多，体力活动大幅降低，父母怕孩子发生意外，对孩子倍加呵护，最后造成孩子上体育课时怕苦怕累、胆怯，甚至不肯进行户外运动。放假的时候，大部分家长又将孩子放在家里学习文化知识，做大量的作业与练习题，很少有体力的活动。很多家长，尤其是独生子女的家长，缺少对正确的教育观，健康观，成才观的培养，一味地让孩子学习更多的文化知识，而忽略了孩子们的身体素质。而在孩子的营养方面，家长从不忽视，都给予孩子最好的营养，但是身体的营养补充得再足，没有锻炼的配合也是无用的，所以在家长闲余时间应该多带领着孩子进行体力活动。因此如果父母想要促进子女长期进行身体活动、养成运动习惯，应采取较为严格的教育方式，向子女说明身体活动的益处，并对其身体活动进行有效监督或设定运动标准，这样更有利于促进子女养成积极参与身体活动的习惯。

（三）父母的文化程度

父母的文化程度对青少年体育锻炼认知度具有显著性影响。在日常的生活中，家长应该将正确的体育价值观潜移默化地注入青少年的思维中，随着孩子的不断成长，这一类的影响会逐步加深，青少年对体育锻炼的认知度也会不断提升。

与国外家长普遍较认同体育的价值与功能不完全相同，国内部分家长对体育价值和功能的认识需进一步纠正与提升，具体表现在：

（1）父母的文化程度越高，青少年进行体育活动的频率越低，但单次体育活动的持续时间越长，主要集中于 30～60 分钟。

（2）父母的文化程度越高，青少年（尤其是小学生）越倾向于在家长的陪同下进行体育活动。文化程度较低的家长认为"作业太多"是减少青少年体育活动的重要原因。

（3）父母的文化程度越高，青少年（尤其是小学生）越倾向于选择距家较远的活动场所，如体育场（馆）、健身俱乐部等；相反，父母受教育程度越低，青少年体育活动场所呈现近家趋势，如家、校及小区等。

（4）母亲的文化程度会影响青少年日常电子屏幕时间，母亲学历越高，孩子平均每天的电子屏幕时间越少，反之越多。

（四）运动场地、设施及环境

当我们身处一个特定的环境中，行为就会直接受到环境的影响，而体力活动恰巧就是一种在特定环境中进行的运动，以至于其行为也受一定的地域性限制。锻炼场地设施的便利性及安全性等宏观的社会及环境因素融入心理学变量中加以考虑，不仅可以增加对锻炼行为的解释力，还可以解释宏观因素对锻炼行为的作用机制。有学者在文章中提出，人际因素与个人因素对人们体力活动行为的干预是有限的，而环境因素在改变人们对体力活动行为参与性方面则至关重要。

在 20 世纪 20 年代，一些发达国家对城市户外环境能够对青少年所造成的影响做了大量的探究。

我国有关于青少年户外体力活动的探究，开始于 20 世纪 90 年代，现有的大部分监测数据，以城市建设设施为基础进行调研。

能够影响青少年参与学校体育活动的因素有很多，其中学校运动场地有限、学校运动器材短缺等是重要原因，许多学校体育运动场地、运动器材都还有很大提升空间。加之学习压力大、缺乏组织指导，导致学生体力活动不足，缺乏锻炼的知识。对于部分场地狭小、学生人数多的学校而言，连开展基本的体育课都很困难。

二、影响青少年体力活动的经济学因素

(一)家庭经济因素

家庭经济因素对青少年体育参与程度具有重要影响。有学者提出,富裕家境和体育参与之间呈正相关,即优越的经济条件对青少年体力活动有积极影响。但在我国,家庭经济条件较好的孩子,体力活动可能反而较少,久坐时间会较长,这也许是因为家庭经济条件较好的家长会将孩子送到各种培训班,占用了大量课余时间,体力活动时间就相应减少。与来自经济状况较好家庭的儿童相比,来自经济状况较差家庭的儿童体力活动水平更低。大量文章显示,在体育运动上的消费和每一个家庭的经济收入是成正比的关系。经济收入不高的家庭,尤其是能够自由使用支配的收入不多的家庭,会被所承受的经济压力和消费观念所限制,就导致学生在参加课外的活动锻炼的积极性大大降低,孩子对于体育运动的意识也就比较淡薄。这种环境成长的学生进行的课外活动大多数都进行群体性的活动,而运动的时间也都会选择在早上和晚上。

(二)学校经济条件

学校位置不同,学校的经济状况也有所不同,制约因素的差异程度明显。这方面的研究大多将学校类型分为主城区、区县和乡镇学校。从学校的总体经济条件来看,水平最高的是主城区中学,其次是区县中学,乡镇中学最低。中心城区学校青少年在多个制约因素方面明显优于郊区城镇学校。具体而言,学校的经济条件不同,导致学生的体力活动行为有所区别。主城区和乡镇中学学生的锻炼行为比例显著高于区县中学,在体育锻炼的认知上乡镇中学的学生认知反而高于中心城区和县区中学的学生。

(三)地区经济水平

地区的经济水平对学生参与体力活动具有很大影响。以江苏省的中小学生为例,总体上江苏省中小学的体育活动组织情况较好,但学生的体力活动时间仍然存在地区性差异。经济发达的苏南地区的中小学学生体力活

动时间多于苏中及苏北地区，而苏中地区的中小学学生体力活动时间又高于经济水平相对差一点的苏北地区。扬州、镇江、徐州三个地区的中小学学生一周的中等强度及高强度体力活动时间存在差异。不论是中心城区的学生还是郊区的学生的体力活动，都和居住地道路的选择多样性有着直接的联系，想要提升学生的体力活动量，可以通过道路规划将道路向网络状改变。而住在郊区的学生，就会更加因地制宜，有很多的户外活动场所，所以，在郊区应当加大体力活动的宣传工作，并组织更多的户外运动。

三、影响青少年体力活动的地理因素

土地开发密度、土地利用特征、城市扩张形态、道路布局、空间通达性、步行可达性、景观布局等是影响青少年体力活动的重要地理因素。

（一）土地开发密度

土地开发密度是指单位面积土地上居住的青少年数量、有青少年居住的住宅单位数量、单位数量的青少年平均居住高度或楼层数等因素的土地使用环境，包括居住密度、人口密度等。

1. 居住密度

居住密度指居住区内的人口数或住房套数与居住区面积之比，是影响青少年体力活动的重要因素之一。有人把低密度和高密度社区青少年的居住环境做对比，可以看出低密度地区的青少年所居住的环境、交通安全、公共设施都相对较差，但是，人行道的规划会比较好。另外，单位面积上居住的青少年越多，青少年可能找到的朋友越多，朋友间的相互支持也能够提高青少年对体力活动的积极性，所以，每个单位所居住的人口数量也是影响青少年进行体力活动的主要原因。

2. 人口密度

在人口越发密集的地区，属于交通性质的体力活动是呈现正比的趋势的。荷兰通过研究从中发现，人口基数越少的城市，使用自行车的概率要低于人口基数大的城市；而人口基数大的城市步行的概率也要高于人口基数低的城市。因为人口基数高的人群工作、学习、生活等设施相隔的间距都比较近，所以不需要使用汽车等交通工具。

（二）城市扩张形态

现今城市地扩张发展，大部分城市用地的开发，也侵占了大量的校园用地，在现今许多重点学校都是处于超出标准进行招生的，让本来就不足学生活动的操场面积显现的更加紧张，在进行体育活动的时候过于拥挤、过于嘈杂的环境可能会降低青少年户外活动的积极性，在安全方面也有一定影响。所以，城市用地的扩张对学校青少年体力活动也是有间接影响的。

（三）道路布局

1. 街道连通性

街道之间的相互连通性对青少年的体力活动有相当大的推动作用。经过科学研究发现，连通性好、密度高、步行的选择性多而且步行时间短的道路，更容易让人们选择环保的交通方式，也增加了人们体力活动的量。所以，从数据中可以看出，街道连通性的密度与环保交通方式的多少是成正比的。

2. 街道布局

有相关数据表现出人行横道和自行车道对于青少年的体力活动是有积极影响的，道路的长度和人行横道的比例会直接影响到青少年骑车或者步行去学校的积极性。而传统的城市规划街道是网格形式分布的，要比郊区或者乡村的蔓延式街道网络布局，更容易让青少年采用步行的方式行动，主要原因有以下几点。①两点之间的距离要比蔓延式街道网格布局更近，所以更多人会选择步行；②传统的规则或街道网格布局，也可以让司机选择路线时，可以有更多的方案进行，也使行人和骑车的人可以有更多的选择，到达目的地；③传统规则式的街道网格布局更容易让人分辨方向，而蔓延式的街道网格布局，由于路线之间交错复杂，会让人容易迷失方向。

四、影响青少年体力活动的生理因素

（一）年龄因素

1. 青少年体力活动的增龄变化

年龄是影响青少年体力活动的因素之一。目前，青少年体力活动随着年龄的增长而呈下降趋势已成为事实，尤其是进入高中后，学生体力活动不足现象更为严重。高中生的每一周的平均体力活动的运动量和运动时间，远远低于初中和小学生的运动量，造成上述现象主要有两方面原因。首先是心理特点。儿童对所有事物都好奇，爱玩、爱动，其体力活动量得到充足的保证。而随着年龄增加，新奇感减弱，且怕苦、怕累、怕晒、怕脏的思想愈加严重，女生更为明显。其次是外界环境。一方面随着年龄的增高，学生上课的时间也不断加长，日常体力活动在学习日期间存在显著性差异。除体育课外，大部分的课程都是在教室内，学生长时间保持坐立的姿势。伴随着学年的不断增长，作业的压力也逐步增长，青少年没有足够的时间和饱满的精力参与体育锻炼，因此体力活动呈下降趋势。另一方面，到了高中阶段，每天参与课外锻炼时间远远不如小学、初中阶段多。除去正常体育课时间必须参与体育锻炼外，课外时间是否参与体育锻炼基本都靠学生自发及主动。如果青少年在儿童阶段没有养成主动参与体育锻炼的好习惯，青春期后将很难培养其主动运动的意识。

2. 父母对青少年不同年龄阶段体力活动的影响

随着年龄的增长，父母对青少年体力活动的影响也会减弱。儿童阶段（4～12岁），父母的体力活动影响较大；而进入青春期（13～18岁），父母的教育水平及父母对孩子参与体力活动的态度影响较大。儿童因为年龄小，对父母有崇拜和顺从之意，父母自身的体力活动行为和言语会影响到孩子的体力活动，对于提高孩子的体力活动水平具有积极的意义。而随着年龄增长进入青春期后，他们的自主性逐渐增强，不需要父母的引导和介入，对自身体力活动的认识和支配更加主动和独立，父母自身的体力活动行为和言语对青少年体力活动的影响会随之减弱，但父母有关体力活动的态度会明显影响青少年的体力活动行为。因此，在孩童时期，父母要注重引导孩子养成良好的运动习惯，帮助青少年形成一个良好的体力活动生活方式，从而更好地促进体质健康。

（二）性别因素

1. 青少年体力活动的性别差异

性别是体力活动重要的预测因素之一。多项研究表明体力活动的水平随性别的不同而变化，并且青春期的男生较女生活跃，男生的体力活动水平普遍比女生高。男生在体育锻炼时间和体育锻炼能量消耗方面明显大于女生，而女生的上课时间、家务劳动时间多于男生。

男生的体力活动量明显高于女生，其学习日及周末日的体力活动量均明显高于女生。男女生体力活动的不同还表现在其他方面：骑车的便利使男生骑车的人数降低，而不是升高。郊区男生的体力活动水平高于女生。家长和朋友更倾向于鼓励男生参加体力活动，女生被鼓励去参加体力活动的机会相对少于男生。环境特性对男女生体力活动的影响也不完全相同，环境对男生体力活动的影响比对女生更积极一点，提示学校加强管理及提供更多的固定设施能激发学生参与体力活动的积极性。

2. 父母对子女体力活动的影响的性别差异

在子女成长过程中，父母对其子女体力活动、锻炼习惯的产生和发展同样有着深远的影响。父母是否热爱体育、父母对于参加体育运动的理解、父母在子女运动方面所能提供的经济上和精神上的支持，以及父母自身体力活动水平（榜样效应），都是影响子女体力活动的因素。有体育活动习惯的父母对子女参与体育运动有积极的作用，其子女的体育参与趋势往往也比较高。因为对子女而言，家长自身的体育行为也是一种体力活动的参照模式。父母应养成良好的体育行为习惯，并增加在青少年体力活动中的参与度，以及减少自身静态生活时间，以此来影响青少年的体力活动和静态生活。❶

---

❶ 尚博睿. 父母权威问卷在健康领域的应用 [D]. 武汉：武汉体育学院，2015.

五、影响青少年体力活动的心理因素

(一) 运动动机

运动动机是指引起和维持个体进行活动、并力求达到运动目标的内在动力。它是一种心理现象，又可通过行为的选择性、坚持性和积极性体现出来，是引起和维持青少年体育运动行为的推动力。因此，激发青少年体育运动动机是推动青少年参与更多体力活动，帮助青少年养成终身体育锻炼习惯的关键。青少年对体育锻炼的功能在认识上与地域无关，差异主要体现在使身体健康、放松愉悦心情和磨炼意志三个方面。在对不愿意参加体育锻炼的学生进行调查发现，大部分学生认为锻炼很累，不愿意吃苦。还有许多学生也没有体育锻炼的习惯。

(二) 兴趣爱好

在国内，学而优则仕的传统文化观念依然比较普遍，上大学、上好大学成为家长及青少年努力的方向。

许多青少年本身很喜欢体育运动，但是最后主动进行体育锻炼的并不多。其主要原因有两方面。一方面，我国中小学体育课呈两极分化趋势，竞技性太强或者"放羊式"散养。两种类型体育课的共性使课堂教学内容单一，缺乏趣味，可以真正展现学生内在性格的机会也比较少，更无法根据个人爱好选自己喜爱的运动，所以也就很难提起学生的运动积极性。另一方面，青少年在参加体育活动的时候，由于没有可靠的运动场地和良好的组织，也没有好的体育技能教授的人，青少年容易缺乏主动学习的积极性，不会在课余去应用这些项目锻炼身体，体育教学与体育锻炼没能做到有机结合。

第二节　我国青少年体质健康现状调查与原因分析

从近几年我国青少年身体状况情况的监测结果中可以看出，青少年的身体素质呈下降趋势，形势不容乐观。深入地剖析与检测我国青少年现今的身体状况和影响因素，并在此之上建立有效的工作和针对性的改良措施具有十分重大的意义，本章为此展开相应的分析研究，并提供更科学的参考。

一、我国青少年体质健康现状与问题调查

为了能够更深入地了解我国青少年的身体素质健康状况，有研究人员随机选择了 1100 名中小学生进行测验，根据测验调查的数据和结果，为提高青少年身体素质健康水平制定了相应的对策，并从测试的结果来剖析我国青少年的身体素质健康状况。

（一）近视与肥胖

1. 近视

仅针对抽样调查结果来看，我国小学生和中学生的近视率都较高，而且随着教育阶段的增加不断提升，小学、初中、高中的近视率分别达到了54.17%、77.22%、82.78%，情况不容乐观，且近视的低龄化趋势明显。

青少年近视率高是近视低龄化的直接反应，与当代青少年使用电子产品有着极大的关系。对现代青少年来说，电子产品与网络已经是生活中的一部分，是经常会使用到的学习工具。再加上学习时用眼方式不对，青少年视力的快速下降必然发生。再加上初中生与高中生面临着中考和高考压力，在过重的学习负担下，再加上用眼不卫生导致的眼睛疲劳，也是出现近视的重要原因。

2. 超重、肥胖

从调查结果来看，城市男、女生的超重率分别是 20.15% 和 12.01%，

乡村男、女生的超重率分别是 16.38% 和 11.32%；城市男、女生的肥胖率分别是 18.22% 和 7.26%，乡村男、女生的肥胖率分别是 15.12% 和 7.55%。

超重、肥胖，已经是当今青少年群体中非常普遍的问题，不论是男生还是女生，相关数据都不乐观，而且还有持续恶化的趋势。从数据中可以看出，男生超重率要比女生高，城市和乡村都是如此，主要原因是女生更注意外在形象、会尽可能地减肥。男生的超重和肥胖有一定的地域差别，城市男生肥胖的概率要高于农村，主要是因为城市家庭的经济条件较为优越，所以在饮食方面就会过度吸取更多的营养，再加上运动量少、活动范围小等，都会影响到体重的发展。

（二）身体形态现状

下面主要分析对青少年身高的调查结果。

青少年学生的身高与年龄变化成正比。7～11 岁的男生身体增长较快，年均增长 5 厘米；12～14 岁增长达到峰值，年均增长 7 厘米；到 16～17 岁增速降低，年均增长小于 2 厘米。

7～13 岁的女生身体增长迅速，年均增长 5 厘米；14～18 岁增长缓慢，年均增长 1 厘米。

青少年的身高有城乡差异，城市略高于乡村，11～15 岁阶段，城市男生的身高比乡村男生平均高 3 厘米左右。城市女生的身高比农村女生平均高出约 2 厘米。之后随着年龄的增长，青少年身高的城乡差距有减小趋势。

（三）身体机能现状

下面主要分析对青少年肺活量的调查结果。

调查显示，青少年肺活量的区间范围为 1290～3680 毫升，男生、女生的范围分别是 1510～3680 毫升、1290～2600 毫升。随着年龄增加，肺活量也有所增长，但男生与女生增幅不同。

男生肺活量大幅度增长的两个阶段是 8～10 岁和 13～15 岁，增长幅度不断下降的阶段是 11～12 岁，肺活量基本平稳的阶段为 16～17 岁。女生肺活量增长幅度不断提升的阶段是 8～12 岁，幅度有所下降的阶段是

14～17 岁。●

青少年的肺活量水平测试中，城乡差异也是比较大的，乡村青少年肺活量是低于城市青少年的。虽然差距并不是很大，但是也要将农村和城市之间的体育发展差异尽可能地减小。

（四）身体素质现状

1. 力量素质

通过立定跳远的形式测试青少年力量素质的水平。

从测试结果中可以明显看出，随着青少年的年龄不断增长，其力量素质水平也会不断地提高，尤其是男生的力量，素质远远要高于女生，而女生的力量快速增长阶段，大约是在 10～13 岁，之后缓慢增长（13～15 岁），力量基本没有变化。男、女生力量素质的差异从 11 岁开始显现出来，男生力量快速增长的阶段是 11～13 岁，男女生在 13 岁以后的力量差距越来越明显。

从测试的结果中不难看出，大多数青少年的成绩属于中等阶段，只有一少部分青少年的成绩比较差，而比较好成绩的青少年则少之又少。青少年的力量素质也存在着城乡之间的差异，不过总体看来，城市的青少年力量素质要更好一些。

2. 速度素质

利用 50 米跑步来进行测试，青少年的速度素质水平。

从测试的结果中可以看出，随着年龄的增加，青少年的速度素质也会有所提高，男生要比女生速度素质更好。女生的速度素质增长阶段，大约是在 7～13 岁，相对稳定的阶段是在 14～17 岁。男生 16 岁以后速度素质也趋于稳定。

青少年的速度素质，性别差异非常明显，但是城乡差异却非常小，说明随着农村经济的发展以及生活水平的提高，青少年的身体素质已经与城市青少年的身体素质基本一致。

在设定 50 米跑步的要求下，青少年的成绩平均显示较为良好，这说明

● 程艺，李雪，庄洁，等. 成都市城区青少年日常体力活动的行为模式及体能状况调查 [J]. 成都体育学院学报，2014（4）.

青少年的速度素质整体是可以的，也有一部分不及格的学生要对速度素质进行单独的训练，需要体育老师给予更多帮助。

3. 耐力素质

要判断青少年的耐力素质水平，可进行 50 米×8 往返跑（男、女，8～12 岁）、1000 米跑（男，13～17 岁）、800 米跑（女，13～17 岁）的耐力测试。

测试结果显示，青少年在 8～12 岁这个阶段，随着年龄的增加，耐力素质也不断上升。青少年的耐力素质存在明显的性别差异。就 1000 米跑和 800 米跑的测试成绩来看，男、女生在 13～17 岁这个阶段的耐力素质是随着年龄增长而上升的，之后增幅有所下降。

在深层次的调查后发现，16 岁和 17 岁年龄组，城乡的青少年耐力素质有着明显的差异，而其他年龄段之间的差异就相对小一些。

二、青少年体质健康问题成因的多维分析

社会、家庭、学校是影响青少年体质健康的三大关键要素，具体分析如下。

（一）社会因素

1. 社会政策

（1）国家体育政策

近些年来，我国为了大力发展普通的体力活动和体育事业，颁布了一系列相关文件，例如《国家体育锻炼标准施行办法》《全民健身计划纲要》《学校体育工作条例》《2017 年青少年体育工作要点》《国务院关于加快发展体育产业促进体育消费的若干意见》等，这些政策对促进我国体育事业的发展及国民体质的增强具有重要意义。

（2）独生子女政策

独生子女政策降低了我国人口增长幅度，降低了环境的压力，人均资源配置更高，人均生活水平也不断提高，这是积极的影响，但是，我们同时也发现了一些弊端，例如，人口比例失调、老龄化，未来的劳动力会大大欠缺，独生子女的教育问题也是头等大事。独生子女政策的实施，让每

一个家庭的结构发生了改变，家庭中多个长辈照顾一个孩子，可能会娇生惯养，有一定风险的体力活动，也会格外担心，从而直接影响到了青少年的身心健康与体能的发展，直接导致青少年体质下降。

（3）人才选拔政策

近些年来，我国的人才选拔机制一直都是以中考和高考制度的形式执行，高考在为高等院校选拔优秀人才方面更是起着重中之重的作用。随着社会趋势的发展，教育体系也表现出了一些弊端，例如各学校为了追求更高的分数和更高的升学率，对于体育锻炼不重视，甚至出现了"以健康换成绩"的现象。

2011 年报名参加清华大学自主招生的 1200 名学生中，有一半以上的学生体质测试的成绩完全不合格，而达到优秀水平的一个都没有，从中我们可以看出我国的人才选拔机制是存在一定漏洞的。

2. 社会观念

我国的传统教育意识就是重视传统文化教育，而对于音乐、美术、体育等教育有所忽视。

学生为了找一份更体面、更顺心的工作，一心只在文化课上努力钻研，没有在意体育锻炼，身体健康大大受到影响。

3. 社会经济

社会经济的影响，大部分体现在经费的投入与支出的失衡，例如，我国有一些社区和学校，缺乏体育锻炼的设施和场地，也就加深了对青少年体育锻炼积极性的负面影响。

（二）家庭因素

1. 家庭教育观念

家庭教育观念非常重要，可以改变青少年的世界观、价值观、人生观。一些极端的不当做法，会影响青少年身心健康发展，例如让青少年学习过多的课外知识，限制了青少年在户外的活动时间等。

2. 家庭生活环境因素

青少年的体质健康也会受到家庭生活环境的影响。一个好的家庭环境可以改变青少年的生活方式，因为好的家庭环境可以给予青少年更好的教育环境与生活环境，在大环境的趋势下，也可以提高青少年对于体力活动的积极性。不良影响包括给予青少年过剩的营养、电子网络的发达、懒散的生活等，都是可以阻碍青少年体力活动，让青少年的身体健康活动受到一定的干扰的因素。

（三）学校因素

1. 学校体育教育观念的误区

在我国校园内体育教学中，某些学校的领导以及相关体育的工作人员对体育的内涵的理解不够，单把体育理解为 Sports，忘了什么是 Physical Education，更不用说 Fitness and Wellness（体能与健康）。我国校园内的体育竞技化远远高于体育活动，不重视体育过程中能给学生带来什么，而更在乎运动比赛的结果。竞技运动是体育运动中极少部分人的运动，和中小学体育的方向完全不一致，中小学体育主要以强健体魄和与自然环境多接触为主，而竞技体育就是更看重荣誉，从大方向上就产生了差距。

2. 体育教学模式存在弊端

我国校园的体育教学模式中所存在的三大问题。

（1）体育教学内容相对落后，使用教学材料与内容不够新颖；

（2）体育上课时的形式单调，缺乏创新；

（3）体育老师在教学时的方式老套，对老师没有更好的培训。

上述的三点问题，严重地影响了学生对体育活动的积极性也让学生逐渐选择远离体育，甚至逃避上体育课。

3. 学校体育设施不达标

随着城市化进程不断发展，我国的学生所生活的环境很多都不具备体育运动和体力活动的条件，所需的体育运动设施普及率也非常低，在城乡学校中的体育设施，虽然有一定普及，但是还没有达到国家运行规定，农村学校在这方面更欠缺。上述情况严重地影响学校体育活动的良好开展和学生身体素质的健康发展。

第三节　青少年体力活动与健康测评

想要开展科学的体育活动，一定要对体力活动和健康状况先进行科学的测量，在得到结果后，再因人而异，研究体力活动和健康之间的量效关系。所以体力活动和健康身体之间的测量与评估也是开展和促进健康工作的重要任务，也可以用作于科学开展全民健身工作的参考资料。

一、青少年体力活动的能量代谢

能量代谢是指生物体在物质代谢过程中所伴随的能量释放、贮存、转移和利用等功能。每个人每天能量的消耗由三部分组成，即基础代谢（Basal Metabolism）、体力活动和食物热效应。保持能量摄取与能量消耗的平衡状态，才能保持体重恒定。若是能量摄入多、消耗少，会导致体内能量蓄积，久而久之，体重和脂肪百分比就会增加。反之，如果机体处于能量负平衡状态，体重就会逐渐下降。

（一）基础代谢

人体所维持的生命基础特征以及所有器官所需要的最低能量，称之为基础代谢。而基础代谢率是指人体在最正常的状态下，每单位时间内所代谢出去的能量。测试基础代谢率具有明确的时间要求，即在早晨清醒、安静、空腹状态下进行测试，环境温度为 $18\sim25℃$。测试前受试者不能做剧烈活动，平躺，放松肌肉，尽量排除肌肉活动的影响。此外，还应要求受试者排除精神紧张的影响，避免产生焦虑、烦恼、恐惧等心理活动。影响基础代谢率的因素还有甲状腺功能。甲状腺功能亢进的病人机体热产生增加，机体的基础代谢率增加，常常因能量消耗较大而消瘦。当甲状腺功能减退时，基础代谢率也下降。此外，男性基础代谢率稍高于女性。生长期的婴儿基础代谢率较高，儿童基础代谢率约较成人高 $10\%\sim15\%$，约占总能耗的 50%，随着年龄、体表面积的增长，基础代谢率逐渐降低。通常情

况下，人体的正常基础代谢率比较稳定，一个正常成年人的代谢率在 20 年内都不会有太大波动（正常值的 5%～10%）。❶

（二）体力活动能量消耗

体力活动的能量消耗又称为运动的生热效应，日常体力活动是影响机体能量消耗的主要部分，约占人体能量消耗比重的 40%。体力活动所消耗的能量取决于其持续时间长短和强度大小。常见的中等强度体力活动的能耗大约是基础代谢的 3～5 倍，高强度体力活动的能耗约为 6～8 倍，重度体力活动的能耗可达 9 倍以上。

（三）食物热效应和生长

食物热效应又称为食物的特殊动力作用，它是指由于进食而引起能量消耗增加的现象，主要是指对食物进行消化、吸收和代谢的过程中所消耗的能量。食物热效应主要与食物的类别有关，由于进食蛋白质的消化和吸收时间较长，消耗的能量也较大。但进食糖和脂肪时所消耗的能耗较低，大约只占基础代谢的 4%。婴幼儿进食以蛋白质为主，所以食物热效应在总能耗中所占比重高于成年人，随着年龄增加，饮食逐渐向混合型食物转变，食物热效应所占能耗比重也随之降低。❷

另外，婴幼儿、儿童青少年等正在发育中的人体需要额外消耗更多的能量以维持正常的生长发育、促进新的组织生长、满足新陈代谢的能量需求。一般来说，用于生长发育的能耗与总能耗的比例大致应为：婴儿期 25%～30%，学龄前儿童 15%～16%，学龄初期儿童 10%，青春发育期少年 13%～15%。

---

❶ 李海燕. 上海市青少年日常体力活动测量方法的研究与应用 [D]. 上海：上海体育学院，2010.

❷ 钟燕. 儿童青少年的躯体发育特征与营养需求 [J]. 中国儿童保健杂志，2014，22 (11)：1124-1125，1129.

二、青少年体力活动的测量与评价

（一）体力活动的测量与评价方法

体力活动除了以类别进行区分以外，还可以从多个指标对其进行测量与评价，一般包括频率、持续时间、强度等。其中，频率大多是指在一定的时间内体力活动平均的次数；持续时间是指在一次体力活动中所用的时间；活动强度主要是指在体力活动进行的过程中，生理努力的程度。其中体力活动的强度、体力活动的水平以及体力活动的总量之间的测评，主要是依靠对体力活动能量消耗的测量，而测量方法并不是随随便便的检测就可以，也是要依照正规的测量方法实施。测量方法主要分为三大类型，分别是可靠性、有效性、敏感性，还要重视测量结果的考虑评价内容和研究目标。❶

1. 可靠性

可靠性又称之为"信度"，主要是指测试目标在测试时的反应是否稳定。也是只在做同一个类型的测验时，在不同时间对一测验目标进行两次测验，然后将两次测量的数据之间对比的关系称之为重测系数。例如，在使用一种测试仪对目标进行测试时，第一步就要对测试的仪器进行可靠性评估。

2. 有效性

在科学的测量工具中，一定要遵守的条件便是效度，效度可以分为三种类型：内容效度、准则效度和结构效度。第一种类型内容效度，主要是说检查时样本是否符合所需的取样；第二种类型准则效度又称为"效标效度"，或者是"预测效度"，其存在的主要目的就是检测此测量数据和其他数据之间的差距和相比之下，哪个更有意义；第三种类型结构效度又称之为"构想效度"，主要是指测验时分数是否能表明预想期的构想程度。以上三种类型的效度，最有效的是准则效度。

---

❶ 李红娟. 美国青少年体质研究趋势--体质测定到体力活动促进 ［J］. 北京体育大学学报，2015（8）.

3. 灵敏性

在整个测量的活动过程中，最容易让人忽略掉的是测量中的灵敏性，在遇到干预研究的过程中测量的灵敏性，才能在体力活动行为的变化中体现出重要性。

4. 可用性

测量方法如何决定，其中最重要因素的就是可行性。有一些测量方法会给测量者增加困难，比如需要使用高级设备，否则就可能无法完成测量，所以不适合大样本量的检测。

5. 偏颇

不管是对什么样的客观事物进行测量，一定要针对测量的事物，确定正确的测量方法和测量结果是否有偏颇。所谓的偏颇，也就是我们常说的"误差"或者是"偏倚"，主要是指在我们所了解和所掌控的范围内而产生偏离的真实状况。在体力活动的测量中，最容易遇到的偏倚有社会期望效应、预期结局效应和测量效应。当中的测量效应主要是指在测量的过程中，选择测量目标方式或方法的过程中，影响到个人改变测量行为。社会中的期望效应是指大多数人们经常会有一种积极的思维带动积极的行为，这种积极的趋势也就是社会所期望的。而预期结局效应，是指参与者的行为和表现与研究时假设出来的景象几乎是一致的。在自我报告式的测量方法中，社会期望效应和预期结局效应需要特别关注。

（二）体力活动测量的原理

体力活动能耗是人体日常能量消耗的重要部分，对能耗的测量是体力活动测量的核心内容。为了便于量化，对体力活动行为的测量也常被转化为能量消耗的测量。近年来，随着生态学研究的深入，体力活动环境也成为体力活动测量的重要内容，如图 3-3-1 所示。

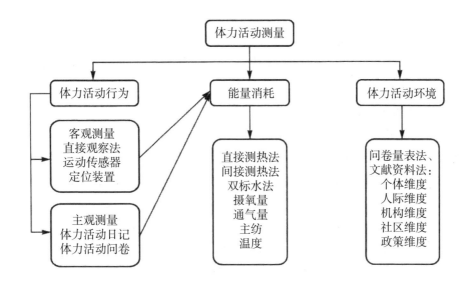

图 3-3-1　体力活动测量的原理

（三）常用体力活动测量方法

1. 直接观察法

直接观察法可用于研究某特定时间、特定人群的体力活动特点，可以记录活动的环境以及活动的形式、频率、时间等信息。如果能进行一对一直接观察，则可以获得很高的精度。该方法只能用于短期研究，控制了地点、季节及天气等因素后就能获得有效的数据。新西兰克赖斯特彻奇步行调查是一个典型的直接观察法调查，该调查始于 1957 年，每两年调查一次。具体方法是在 10 月份某个周二和周四的上午 10∶30 到 11∶30，下午的 2∶30 到 3∶30，全城市的 60 个调查点同时调查。该调查显示，从 1957 年开始，以步行作为交通工具的比例逐年下降。美国丹佛市区商业协会对商业场所步行行为的调查也得出了类似结果。

2. 直接测热法

直接测热法（Direct Calorimetry，DC）是测定整个机体在单位时间内向外界环境发散的总热量，是体力活动能量消耗测量最精确的方法。受试者需在一个特殊的检测环境中进行体力活动，其发散的总热量可被传导出去，然后换算成单位时间的代谢量，即能量代谢率。直接测热法的仪器要求严格，需要专门的能量测试舱（房）。这种方法虽然在测定总能耗时的精度较高，但无法测量短时间内的体力活动能量，也无法区分不同种类体力活动的能耗，因此在体力活动测量中多作为一种参考标准。

3. 间接测热法

间接测热法（Indirect Calorimetry，IC）主要通过测量人体呼吸中的气体成分来间接推算机体的能量消耗水平，因此又叫"气体代谢法"。通常采用气体代谢能耗分析仪实时监测受试者的体力活动能耗，它可实时监测受试者中每一口呼吸中氧气和二氧化碳含量等数据，并结合 Polar 表所显示的数据进行检测。Polar 表是测量能耗监测中非常准确的监测仪器之一，测量所得数据也被专业人员称之为"金标准"。此种测量方式的弊端是需要检测者将仪器背在身上并佩戴呼吸面罩，一般仅能维持 2～4 小时，不能进行长时间的检测取样。

4. 计步器（Pedometer）

到了 20 世纪，日常体力活动和身体健康逐渐受到大众关注，日本在 1965 年成立了"万步俱乐部"，提倡每天要行走或者跑步一万步，以解决长时间久坐对身体带来的不适。同一时期，Yamasa 公司开始发售名为"万步计"的计步仪器，价格在 10 到 30 美元之间。由于价格便宜，观测准确，结果也比较容易观察，计步器一度被广泛接受和使用，成为常用的体力活动检测工具。到了 20 世纪 90 年代，在普通计步器的基础上，出现了电子计步器，计步器得到了更好的应用。❶

三、青少年健康的测量与评价

（一）青少年健康体适能的常规指标

1994 年 Bouchard 提出健康相关体适能可分为形态结构、肌肉功能、运动能力、心肺功能和代谢功能共 5 个部分，每个部分可通过多个指标进行综合评价（见表 3-3-1 所列）。

---

❶ 李海燕，陈佩杰，庄洁. 运动传感器（SWA）在测量青少年日常体力活动水平中的应用 [J]. 上海体育学院学报，2010（3）.

表 3-3-1　Bouchard 提出健康相关体适能评价指标

成分	评价指标
形态结构	身高标准体重、身体成分、皮下脂肪分布、腹部内脏脂肪、骨密度、柔韧性
肌肉功能	爆发力、静力性力量、力量耐力
运动能力	灵敏、平衡、协调、速度
心肺功能	最大有氧能力、亚极量运动能力、心脏功能、肺功能、血压
代谢功能	糖耐量、胰岛素敏感性、血脂与脂蛋白、脂质过氧化物

　　BMI 是身体形态测量的常规指标，我国青少年 BMI 的评价标准可参考 2014 年版《国家学生体质健康标准》。身体成分（体脂百分比）也是形态结构的代表性指标，其测量方法包括水下称重法、空气置换法、生物电阻抗法、双能 X 线法、皮褶厚度法、核磁共振法等，其中生物电阻抗法价格适中、精度较高，是目前最常用的身体成分测量方法。

　　在肌肉适能测量中，立定跳远和纵跳是爆发力的常见测量方法，握力反映的是静力性力量，而引体向上（男）、俯卧撑（男）、仰卧起坐（女）等是力量耐力的主要指标。

　　在运动能力方面，速度测量主要选择 50 米跑、100 米跑；耐力测量主要选择 50 米×8 往返跑、1000 米（男）/800 米（女）；灵敏性测量主要有 10 米×4 往返跑、象限跳；平衡性测量为闭眼单足站立；协调性测量则针对某些专项运动进行。

　　在心肺功能测量中，实验室多采用直接或间接的最大摄氧量测量方法，而大样本量测量中可以选择肺活量测试和 12 分钟跑/3000 米跑来间接反映。多本体育测量评价相关教材都对上述测量方法进行了细致的阐述，在此不再赘述。

（二）青少年健康测量与评价的成套方案

1. 国外青少年体质健康测试方案概述

　　国际体力研究委员会（ICPER）和国际生物学发展规划理事会（IBP）是世界上最早进行青少年体质健康测试研究的国际性机构（见表 3-3-2 所列）。

表 3-3-2　国外代表性机构和国家的青少年体质健康测试内容

国家/地区/机构	类别	测试内容
国际体力研究委员会		1000 米或 2000 米（男）/800 米或 1000 米（女）/600 米（儿童）、立定跳远、引体向上（男）/屈臂悬垂（女）、30 秒仰卧起坐、握力、50 米跑、10 米往返跑、坐位体前屈
国际生物学发展规划理事会		哈佛台阶测验、600 码跑、立定跳远、引体向上（男）/斜身引体（女）、投垒球、60 秒仰卧起坐、握力/背力/拉力/推力/伸腿力量/屈体力量、50 码跑、10 码往返跑
欧盟		身高、体重、皮褶厚度（体成分）、逐步加快速度的往返跑/PWC170 测试、10 米×5 跑、握力、立定跳远、单杠悬垂、两臂交叉运动、仰卧起坐、坐位体前屈
美国	Fitnessgram 测试	1 英里跑/走、体脂含量、BMI、坐位体前屈、仰卧起坐、引体向上、曲臂悬垂
俄罗斯（6～8 岁）	必测项目	13×10 米跑、30 米跑步、引体向上、改良仰卧起坐、俯卧撑、站姿体前屈
	自选项目	跳远、6 米掷网球、1 千米滑雪、2 千米滑雪、不计时游泳
日本	小学生（11 岁）	握力、仰卧起坐、坐位体前屈、反复横跨、20 米往返跑、50 米跑、立定跳远、掷球
	中学生	握力、仰卧起坐、坐位体前屈、反复横跨、20 米往返跑、50 米跑、立定跳远、掷球、长跑

注：1 码 = 0.9144 米，1 英里 = 1609.344 米

从上表可以看出，许多国家针对不同年龄段制定了不同的测试内容和评价标准，但各个国家的青少年体质健康测试体系大同小异，重点测量的素质主要包括力量、耐力、速度等方面。

2. 我国学生体质健康测试概述

我国学生体质测试的演进历程可划分为初步探索、停滞与恢复、快速发展、蓬勃发展、稳固发展 5 个阶段，在不同的发展阶段表现出移植与模

仿、军事化、达标化、"健康第一"、以人为本、制度化和网络化、质量标准化和科学化等特征。1954 年效仿苏联颁布了《准备劳动与卫国体育制度暂行条例》。1958 年，国务院正式批准公布《准备劳动与卫国体育制度》，为我国青少年体质健康测试打下了基础。到 20 世纪 60、70 年代，这一制度先后演变为《青少年体育锻炼标准》和《国家体育锻炼标准》，青少年体质健康测试内容逐渐自主化。1979 年，教育部联合其他部门开展了"中国青少年身体机能和素质测试研究"，并于 1981 年成立了"中国体育科学学会体质研究分会"。随后，1982 年至 1990 年间，《国家体育锻炼标准》经过了 3 次修订，并以约 5 年一次的频率开展全国范围的学生体质健康测试，搜集了大量数据，为我国体质健康测试体系和体育教育制度的改革提供了依据，为"健康第一"的学校体育思想打下了基础。

2002 年 7 月国家出台了《学生体质健康标准（试行方案）》（简称《标准（试行）》），加入了肺活量、BMI、坐位体前屈等项目，使原有的以身体素质达标为核心的测试体系改变为以体质健康为核心的体系，提高了该体系与国际的接轨程度。2007 年，在《标准（试行）》发布 5 年之后，《国家学生体质健康标准》（简称《标准》）正式出台，并在同年启动了"亿万青少年学生阳光体育运动"，青少年体质健康测试的制度化、网络化和科学化程度大幅提高。2013 年，教育部委托北京体育大学牵头 17 所高校组建修订工作组，组织开展了对 2007 年《标准》的修订工作。修订工作组系统总结了 2007 年《标准》实施以来取得的成功经验以及存在的问题，对 2013 年学生体质健康测试数据进行抽查复核，依据青少年生长发育规律，参考"全国学生体质与健康调研""全国学生体质与健康监测"等工作获得的学生体质健康数据，通过联合实地调研、借鉴国际经验、实测样本、建立数据模型、分析测试数据、调整标准等级、鉴定研制成果等十多个技术环节，最终建立了基于 17 个省（区、市）13 万学生的样本数据和测试常模，并于 2014 年 7 月由教育部发布新《标准》。

2014 年颁布的修订后《标准》不再具有选测项目，而是设置了附加分，即对成绩超过 100 分的加分指标进行加分，满分为 20 分。小学的加分指标为 1 分钟跳绳，加分幅度为 20 分；初中、高中和大学的加分指标为男生引体向上和 1000 米跑、女生 1 分钟仰卧起坐和 800 米跑，各指标加分幅度均为 10 分。2014 年版《标准》的改革主要表现在：

（1）取消"同类"指标的"选测"制度，设立全国统一的评价指标，避免了各地各校在实践中的"避重就轻"；

（2）进一步规范了等级评定，对体测项目的"优秀""良好"等级提出了更高要求，降低了不同体测项目的"及格"标准；

（3）采用现阶段我国学生体质健康的实际水平进行科学的统计分析，增强了标准的信度、效度。

第四章　青少年体质健康干预路径

青少年体质健康干预路径十分繁复，本章将从青少年体质健康的学校干预路径研究、青少年体质健康的家庭干预路径研究、青少年体质健康的社会干预路径研究、青少年体质健康的运动干预路径研究以及青少年体力活动的促进对青少年体质健康干预路径进行详细的研究与阐述。

第一节　青少年体质健康的学校干预路径研究

在一个人的成长过程中，要经历几个不同的阶段，从婴幼儿期，到儿童期，青春期，再到成熟期，大多数时间都是处于学校教育环境中的。因此，学校教育的理念、教学方法和学习环境对青少年学生的身体健康和全面发展起着重要的促进作用，直接影响着青少年对知识的学习、理解、掌握以及是否能够健康成长。这也说明，学校的积极干预对于青少年体质健康发展具有非常重要的现实意义。有研究表明学校体育课堂环境影响学生的身体活动，《Healthy People 2010》提出体育课的中大强度运动时间不少于一节体育课总时间的 50%，并建议上学日每天一节体育课。萨利斯（Sallis）等人通过研究指出学校的体育场地器材设施配备是儿童青少年参与身体活动的影响因素。另有研究表明学校出台相关制度对学生的课间体育活动进行组织指导以及放学后学生可以使用相关体育设施等做出明确规定可以提高学生的身体活动水平。乔安娜（Joanna）通过研究发现，学校体育文化对学生参与身体活动的推动具有重要作用，同时指出课外体育活动的丰富程度对学生有很大影响，尤其是对女生，学校举办相关体育活动

或者开展体育讲座都会影响学生参与身体活动。❶

一、加强体质监测

(一) 身体形态测量

1. 身体形态测量点

通常来说，在需要进行身体形态测量的时候，首先要确定身体形态测量点，那么就需要以皮肤标记点和骨性标记点作为标准参考，分别如图 4-1-1、图 4-1-2 所示。

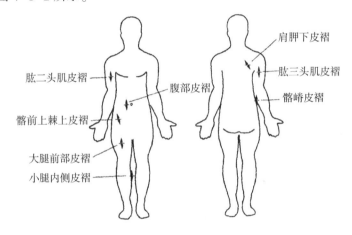

图 4-1-1　皮肤标记点

❶　刘梦环. 小学生身体活动水平比较研究——以无锡、南京和徐州水平三学生为例 [D]. 江苏：南京体育学院，2020.

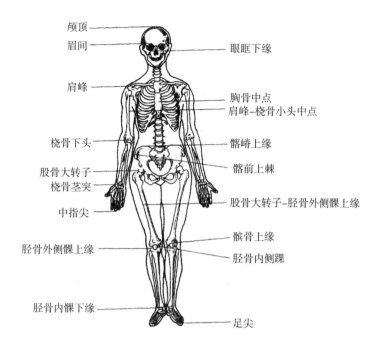

图 4-1-2　骨性标记点

2. 体格测量

青少年体格的测量内容与方法如下。

（1）体重测量

测量体重时使用体重计。被测试者需要在体重计正中位置直立站好，工作人员待体重计稳定之后记录体重计所显示的数字。

（2）长度测量

①身高测量

测量身高时需要用身高坐高计进行测量。被测量者在仪器上垂直正立，工作人员将水平板下压至被测试者的头部最高点，记录此时测量出的数字。

②其他长度测量

在青少年学生长度测量中，除身高外，还有坐高、指距、手足间距、小腿长、足长等测量内容。

（3）围度测量

①胸围

测量胸围时使用软带尺。被测试者将双脚与肩同宽站立，工作人员将软带尺的上缘绕过被测试者背部到胸前，然后记录对应的数字。

②腰围

测量腰围使用带状尺。受试者两脚分开站好，工作人员将带状尺水平放在其腰部最细处，记录对应的数字。

在围度测量中，除胸围、腰围外，前臂围、上臂紧张围和上臂放松围、大腿围及小腿围也是测量内容。

（4）宽度测量

①肩宽

使用弯脚规测量肩膀的宽度。受试者两脚分开站好，工作人员用食指沿肩胛骨分别向两侧摸到肩峰外侧缘中点，再用弯脚规测量两肩峰的距离，并记录测量结果。

②骨盆宽

用弯脚规测量骨盆宽度的方法是，受试者双腿的自然分离站好，工作人员用双手食指摸其骨盆最宽的两端，用弯脚规测量距离，并记录结果。

青少年健康评估对其身体发育的具体情况提供了一套直观的数据和标准，在评估青少年健康状况时，首先要计算形态指标的数据，然后对形态指标进行分类，并对青少年进行健康评估标准制定。在制定过程中要从性别和年龄两方面进行考虑。不同的形态指标应满足不同的标准。对于不同年龄和性别的青少年群体，建立一套更好的、具体、可行的分析标准才能正确地予以评估，而不是评估指数越大越好。

3. 体型测量

人体体型大致分为肥胖型（内胚层型）、匀称型（中胚层型）、细长型（外胚层型）三种。

人体体型的判断与评价方法如下。

（1）谢尔顿观察法

谢尔顿测量了人的17项身体形态指标，对比测试结果与测试标准，然后赋值，根本不像、特别不像、不太像、一半像、基本一致、特别一致、完全一致的分数分别为1分、2分、3分、4分、5分、6分、7分。最后把不同指标的同胚层的总分平均开来，此时基本体型平均分就算出来了。3位数等于7、1、1；1、7、1；1、1、7，对应的分别是肥胖型、匀称型、细长型，如图4-1-3所示。

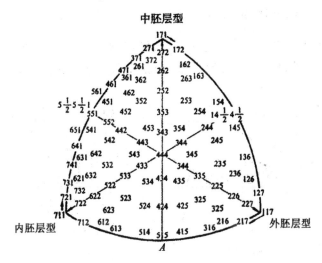

图4-1-3 谢尔顿观察法

（2）柯里顿分类法

柯里顿简化了上述测量方法，将体型分为图4-1-4所示的10种类型，并制定了判断不同体型发育的评分标准，如图4-1-5所示。

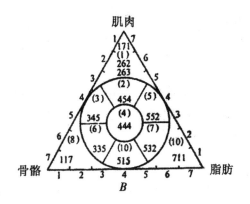

图4-1-4 柯里顿分类法

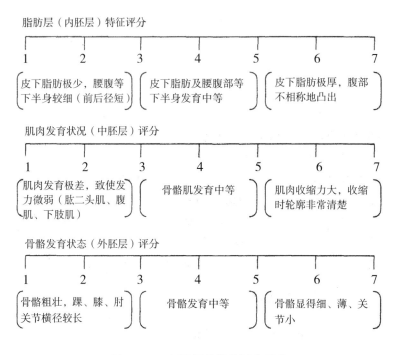

脂肪层（内胚层）特征评分

| 1 | 2 | 3 | 4 | 5 | 6 | 7 |

皮下脂肪极少，腰腹等下半身较细（前后径短）　　皮下脂肪及腰腹部等下半身发育中等　　皮下脂肪极厚，腹部不相称地凸出

肌肉发育状况（中胚层）评分

| 1 | 2 | 3 | 4 | 5 | 6 | 7 |

肌肉发育极差，致使发力微弱（肱二头肌、腹肌、下肢肌）　　骨骼肌发育中等　　肌肉收缩力大，收缩时轮廓非常清楚

骨骼发育状态（外胚层）评分

| 1 | 2 | 3 | 4 | 5 | 6 | 7 |

骨骼粗壮，踝、膝、肘关节横径较长　　骨骼发育中等　　骨骼显得细、薄、关节小

图 4-1-5　柯里顿分类法评分标准

（二）身体机能测量

1. 呼吸机能测量

测试肺活量时需要使用肺活量计，被测试者需要先深呼吸两次，然后用力吸气，再对准肺活量计的吹气口尽力呼气，一直到不能继续呼气为止，记录此时肺活量计上面的数值。肺活量需要测试三次，取最大值，测试出的肺活量结果与被测试者的呼吸机能成正比例。

2. 运动机能测量

以动觉性运动障碍测试为例。被测试者先将眼睛蒙住，从起点出发向指定的方向移动，移动的过程中要躲避椅子，躲避一个椅子加 10 分，碰到一个椅子减 10 分，踩到边线减 5 分。当被测试者碰到椅子或踩到边线，工作人员需要将其引导至中心线，被测试者后退一步后继续测试。

（三）身体素质测量

1. 力量素质测量

在这里我们以原地跳摸高为例，测试人体下肢的爆发力。将被测试者的右手中指涂抹上白色粉末，然后让被测试者侧墙站立举起右臂，将右手的中指指尖触碰墙壁留下指印，再测量地面到指印的距离。被测试者在距离墙20厘米的位置尽力向上跳跃，同时尽力向上伸展右臂，用中指指尖触摸墙壁留下指印，再测量地面到指印的距离。测量三次，取最大值为最终的测试成绩。人体下肢爆发力与测试值成正比例。

2. 协调性测量

测量被测试者的视觉与上肢动作协调性的测试通常会使用投掷的方式。被测试者需要站在投掷处将垒球经过肩膀上方投掷向目标，连续投掷10次，工作人员会根据命中目标的准确率进行计算。计算公式为：命中率＝投中次数/10×100%。视觉与上肢动作的协调性与计算的结果成正比例。

3. 平衡性测量

测量被测试者的单脚维持身体静态平衡能力的测试往往会使用横向踩木的方式。采用长30厘米、宽2.5厘米、高2.5厘米的方木条，并将木条用胶带固定住。被测试者需要将一只脚垂直放在方木条上，然后抬起另外一只脚，开始计时。如果被测试者出现身体失去平衡的现象，则停止计时。记录被测试者单足站立的时间，时间单位用秒，共测试两次，取较长的一次为最终成绩。单脚维持身体静态平衡能力与时间的长短成正比例。

二、推动健康促进实施

（一）学校健康促进概述

1. 学校健康促进的含义

学校健康促进产生与发展的基础是学校健康教育，学校健康促进所重视的既包括在校生的健康促进发展，还包括家长以及社区的健康促进发展。学校在这其中发挥了主要作用，它包括设计健康教育课程、塑造健康教育学习环境、为师生提供健康服务，最终让学生能够学习到完整的健康知识和健康经验。学校需要对健康促进工作予以重视，引导家庭和社区共同参与，以此来为学生的健康提供一切保障。

学校应该将一切有利于学生健康的因素进行融合，建立学校健康促进组织，使这些有利因素之间形成密切的联系。为了提高我国青少年的健康体质水平，相关部门一直在不断寻找更科学的方式。学校在实践健康促进的过程中，会将目标人群进行分级，分为一级和次级：一级通常是学生群体；次级通常是教师、领导、家长以及社区相关人员。另外，学校在实践健康促进时需要特别关注大众媒体对于青少年的影响，在学校健康促进中，这是一个特殊领域的重要干预国标❶。

2. 学校健康促进的优越性

学校健康促进的优越性或特征体现在以下几方面。

（1）保证构建的健康促进模式的完整性，将环境、生理、心理、社会等方面形成紧密的联系。

（2）开展正式的健康促进课程，鼓励学生积极参与，最终让学生能够获取和掌握健康知识及经验。

（3）学校要开展一系列的校园精神文明建设以帮助学生学习健康知识，让学生之间建立深厚的友谊，使每个学生保持良好的心理状态。

（4）运动场地、体育建筑、设施等物质环境参与其中，为青少年健康提供物质基础。

（5）学校应该积极引导家长参与健康促进的实施，帮助学生积累健康知识和掌握技巧。

（6）学校健康教育与社区卫生服务密切联系，使学生的健康需求得到满足。

（7）学校应该与社会进行密切的合作，保证学校教育与社会教育能够相互结合，在实施的过程中要能够串联起学校、社会、家庭与社区达到共同实践，创造出良好的健康教育环境。

（8）强调女生公平享有社区内的健康教育与健康保护。

---

❶ 于洋. 实现体育强国战略目标的基本问题探讨［J］. 运动，2014（14）.

3. 学校健康促进的主要任务

（1）提高青少年的生长发育

在青少年中，近视、龋齿、鼻炎、贫血、神经衰弱、运动损伤等问题十分常见。这些健康问题对学生的学习和生活造成了很大的困扰。为了防止这些健康问题的出现，学校需要加强健康教育的建设，积极实践健康促进，组织学生进行定期体检，让学生能够对自己的健康水平有所了解，并且积极普及健康知识，让学生对于如何预防上述健康问题有所认识，这样能够很好地降低上述问题的发生。此外，读写的不良习惯和挑食等对学生的健康也会产生不良的影响，要及时纠正学生的错误习惯，预防近视、贫血等健康问题的发生。

（2）提高青少年卫生科学知识水平和自我保健能力

①在校园内开展健康教育课堂，鼓励学生积极参与校外的健康活动，让学生能够对健康知识有正确的认识，并且通过这些活动使学生积累健康知识，掌握健康技巧，完善自我保健意识。

②通过健康教育和体检让学生对于自身的健康情况有清晰的认知，引导学生建立积极向上的健康价值观。

③激发学生学习健康、卫生、保健知识的兴趣，抵制并改正不良生活习惯。

（3）预防心理障碍，促进青少年心理健康

学生的生理发育水平会对其心理健康水平造成巨大的影响，不同年龄段的学生受到影响会有所差异。根据调查来看，目前我国青少年存在的心理问题有抗压能力差、意志力弱、缺少竞争意识等。对这些心理问题，学校在解决时需要有的放矢，针对不同年龄的学生要能够从年龄与身心发育的层面出发进行教育和训练，帮助学生纠正心理问题，培养学生的环境适应能力，并帮助学生保持健康的心理状态。学校还需要将心理卫生知识普及给学生，帮助学生预防心理障碍，从根本上解决学生的心理问题，提升学生的心理健康水平，促进儿童青少年心理素质的提高❶。

---

❶ 李建桥，吴瑞，刘琴. 影响中国青少年亚健康相关因素的系统评价［J］. 中国循证医学杂志，2013（3）.

4. 学校健康促进的重要意义

（1）学校健康促进是素质教育的重要组成部分

学生的健康水平是在其各方面的素质发展上体现出来的，素质教育是全面的教育，主要体现在以下几方面。

①德育

德育能够帮助学生建立正确的荣辱观和卫生观，帮助学生养成良好的个人卫生习惯，遵守卫生道德和卫生法规，自觉维护公共区域的卫生。

②智育

智育能够帮助学生提升自我认知的能力，帮助学生了解如何科学地运用健康知识保护自身的健康。

③体育

体育能够帮助学生增强身体素质，体育与劳动是学生增强身体素质的重要方式。

④美育

美育能够训练学生的审美意识和审美能力，帮助学生创造美、欣赏美。在教育的过程中要灌输学生正确的价值观，不要牺牲健康去追求美。

⑤社会适应能力教育

向学生传授人际交往的技巧时，多教育学生要友善对待他人、互帮互助，促进其修养的提升与社会适应能力的增强。

（2）学校健康促进是影响社会大众的治本措施

学生、学校、家庭与社会是相互融合、无法分开的。学生在获取健康知识、掌握健康技巧、树立起正确的健康观念之后，既能够促进自身的健康成长，还能够对身边的环境和人产生积极的影响。

三、开展专题健康教育

在校园中有一种特殊的健康教育形式——专题健康教育。这种教育形式指的是学校为了降低学生出现健康问题的几率、预防常见疾病、减少或消除学生出现致命病现象、排除危险因素而开展的健康教育行为。专题健康教育包括青少年的心理健康教育。

学校开设的专题健康教育包含很多内容，下面简要分析几项重要的教育内容。

（一）青春期生殖健康教育

学生阶段正是一个人从儿童迈向成人的重要阶段，必然会经历青春期。在青春期的学生，无论是身体、心理都会快速发育，对比儿童阶段会产生巨大的变化，这个时期学生的发展会对其未来的身体、心理、智力等方面产生巨大的、决定性的影响。因此，学校对于这个时期的学生要给予特别重视，尤其是青春期的生殖健康教育，更是不可或缺。

生殖教育、性教育是健康教育中重要的一环，也是青春期教育的一大重点。目前，全世界普遍存在青春期发育提前的情况，这已经是一个既定的趋势。经过对中国学生的调研表明，有很多女学生在初一出现月经，很多男学生在初二出现遗精，这一生理现象相较以前提前了一年，因此对于青春期学生进行生殖健康教育是势在必行的。我国社会主义精神文明建设要求青少年对生殖系统的解剖、生理和发育期的各种现象和心理变化、正确健康道德的性行为、自我控制的方法等有基本的了解，因此必须加强性健康教育。

（二）生活技能教育

我们在这里提到的"生活技能"是指一个人心理-社会能力，具体而言就是指一个人能够对日常生活中所需要的事物和面对的调整有处理的能力，并在这个过程中能够保持良好的心态。在与他人、社会进行互动时表现出良好的适应能力和积极的行为。

目前，我国有许多危害学生健康的事物与行为，并且这些行为的发生率在不断提升。如喝酒、吸烟、吸食大麻、性行为、自残行为等。这些行为虽然表面看起来都是独立的行为，但实际上都受到了心理-社会因素这个共同因素的影响。这些学生的人格是有缺失的，抗压能力十分弱，在碰到学习不顺或者心理情感出现问题的时候就会产生巨大的压力，最终出现自残，甚至自杀的行为。这一部分学生在受教育的过程中缺少了健康教育，导致其人格缺失、心理不健康。生活技能教育能够帮助学生培养出心理-社会能力，从而帮助学生建立起正确的价值观、人生观，提升学生的自身认知意识，帮助学生掌握健康知识和健康技巧，从而有效促进其健康成长与全面发展。

四、优化体育课程教学

学生的身心健康是一个国家生命力旺盛的表现。体育教学是促进学生身心健康的重要方式，在锻炼学生身体素质、培养学生身心健康的过程中不可或缺。所以，学校必须保证体育教学得以有效实施，并对体育教学不断进行优化，提高教学质量与水平，具体应从以下两方面来落实。

（一）关注体育课堂教学质量

学校要积极鼓励学生参与体育运动，培养学生良好的体育习惯，教授学生正确的体育知识和技能。学校要时刻对体育的教学质量保持关注，要能够保证学生在体育课堂上能够获得体育知识和技能，同时还要让体育教育的课堂充满积极向上的氛围，提升体育课堂的教育质量，使学生能够得到良好的体育锻炼效果。

（二）重视各个学段的有机衔接

体育教师只有将每个教学阶段紧密地衔接起来才能够有效地组织教学活动、实现体育教学目标。所以，在教学时要对小学、中学、高中各个阶段的体育教学进行无缝接连，具体应从以下两方面进行。

（1）教育部门要对体育教学的逻辑和内容进行研究和商讨，并安排相关的专家进行教学内容的统一制定，要将每个阶段的体育教学目标进行衔接，以科学的方法设置与安排体育教学活动。

（2）在小学、中学的升学考试中均设置体育考试项目，对体育理论知识考核、运动技能考核的比例要合理分配，进一步规范升学考试，使学校和社会更加重视体育课程。

第二节　青少年体质健康的家庭干预路径研究

家庭是学生成长的根本。目前，我国学生的身体健康素质呈现出下滑的趋势，这与每个学生的家庭教育观、家庭教育方式以及家庭教育环境有着密切的关系。当我们在研究和探讨学生的体质健康、全面发展时，是无法避开家庭和家庭教育的。

一、优化家庭教育

（一）家庭教育概述

1. 家庭教育的内涵

通常情况下，学生的父母或者长辈有意识地对孩子进行的教育就是家庭教育。

伴随全球化的深入，中国社会也在飞速发展，家庭教育的内涵也在不断前进。近几年来，我国的家庭教育已经不再局限于传统的单向化教育概念，而是逐渐发展成为家庭成员之间能够相互作用、相互影响的双向化教育。同时，我国的家庭教育的内容得以不断发展，特别是家庭教育的内容、家庭教育的方式、家庭教育的理念、家庭教育的环境等方面出现巨大的变化，这些对孩子健康成长与成才有着极为重要的影响❶。

新时期的家庭教育具有以下几个含义。

（1）家庭教育是家庭成员之间相互影响与相互作用的教育。

（2）家庭教育之中具备动态的关系，通常表现于作用与反作用。家庭教育主要是家长对孩子进行教育，但是在某些特殊的环境中，这种关系也会发生转换。

（3）在人的日常生活中及人的一生中都会受到家庭教育的影响。

（4）伴随社会的发展，家庭教育的内容、方式、策略、形式等方面也

---

❶　于洋. 实现体育强国战略目标的基本问题探讨 [J]. 运动，2014（14）.

会产生很大的变化,这是由于家庭教育需要跟进时代。家庭教育又具有传承性,这种传承性体现在一些特有的家庭教育内容的稳固性。

2. 家庭教育的意义

(1) 家庭教育是青少年接受的启蒙和基础教育

家庭教育在教育中是一个极为重要的形式,家庭教育具有独立性,并伴随着每个人的一生。每个人在最开始接触的都是家庭教育,父母对于孩子的细心照料、耐心教育都促使孩子的生理发育能够健康成长,对孩子进行正确的引导能够帮助孩子发育智慧。孩子最开始说话,第一次学习生活技能,逐渐形成自己的行为,最终养成的行为习惯都受到父母的影响。对于每一个学生而言,家庭教育都是使其健康成长不能缺少的重要条件。

(2) 家庭教育是学校教育的延伸和补充

学校教育是面对社会上所有学生展开的教育活动,但是对于学生之间的个体差异,学校教育是无法做到一一兼顾的。面对这种情况,家庭教育就是一种很好的学校教育补充。家庭教育能够对孩子产生最直接、最有效、最权威的影响,同时,家庭教育还是学校教育和社会教育的基础。学校教育与家庭教育相互协作配合能够更有针对性地提高学生的素质,促进学生的发展。

(二) 家庭教育对青少年体质健康的影响

1. 家长掌控青少年的大部分闲暇时间

学生在放学回家之后的闲暇时间都是由父母安排的。放学之后的时间本来是学生用来休息的,但是某些家长却将这些时间的大部分用来给学生上各种补习班。经过调查我们发现,目前有很多家长极为重视孩子的学习投资,主要还是以提高学生的成绩、培养学生的气质以及提升孩子的智力为主。即便是教育部门一再提倡为学生"减负",并采取了一些政策和措施来减少学生的学习压力,但是很多家长仍然将放学的闲暇时间用作学习时间,为学生报各种补习班,学生几乎所有的时间都在学习,这也就是为什么现在学生的身体健康水平会呈现下降趋势。

体育锻炼能够帮助学生提升身体素质水平,促进身体健康发育,这需要学生能够持之以恒地锻炼,每天至少能够锻炼 1 个小时。仅仅依靠学校开设的体育课进行锻炼是不够的,学生还需要在课余时间进行体育锻炼才能够有良好的效果。

2. 家长掌握营养搭配的主动权

对于青少年而言，适当而全面的营养是影响自身的身体健康发育、体质健康发展、组织器官功能、运动所需能量、运动能力的强弱以及对疾病的抵抗力等方面的关键因素。但是青少年在摄入营养时一定要适量，不能营养过剩，否则就会产生肥胖症以及其他慢性疾病。青少年摄入的营养一定要均衡，注意膳食的搭配，只有这样才能符合卫生和健康的需求，营养的保健作用才能够得到发挥。

学生在进行营养补充的时候要注意膳食的均衡，这就需要父母对膳食均衡和营养方面的知识有所了解，要了解学生在每个年龄段的营养需求，懂得合理搭配膳食和营养，对于学生的生理健康和养成良好的饮食习惯也非常重要。有些家长喜欢买一些营养品来为学生补充营养，这是"花钱买健康"的错误思想，营养品不能代替膳食。

（三）家庭教育的优化发展对策

1. 树立正确的家庭教育观

家庭教育需要做到因材施教，家庭教育观也需要体现出全面发展。家庭教育不仅仅是教授学生健康知识，还需要帮助学生建立起健康的心理，培养孩子良好的道德品质，让学生具备诚实守信、遵纪守法、善良谦虚的优良道德品格。在进行家庭教育时，要格外注重培养学生道德与学科兼顾，重视学生的全面发展。这需要对于现存的两种较为常见的不正确的理念进行更正。

第一，对家庭教育不重视。当前还有很多父母对家庭教育不重视，父母没有履行家庭教育的职责，对于家庭教育没有科学的理解。

第二，错误的教育观。很多家长认为教育就是学校的事情，与自己没有关系，另外还有一些家长认为教育就是教授学生知识，对学生的德育发展并不重视，这对学生的全面发展产生了不良的影响。

2. 采用科学的教育方法

家庭教育是否科学、适当都会对学生的身体健康和心理健康产生直接的影响。家长在对学生进行教育时，要做到要求严格而不严厉、慈爱而不溺爱，这样才是合理、科学、正确的教育方法。家长使用这样的教育方法能够帮助孩子形成正确的价值观和人生观，还能够帮助学生塑造健全的人格。

家长在进行教育的过程中，要能够及时发现学生身上的特长和优点，对于学生展现出的特长要鼓励，对于学生的优点要及时赞扬。但是，孩子身上的缺点和不足，家长也需要及时发现，并且要在发现之后正确引导学生去努力改正。

3. 营造良好的家庭氛围

孩子的心情、人格、情绪与家庭氛围有着直接的关系。一个和谐的家庭氛围能够促进家庭教育，帮助孩子健康的发展。孩子在良好的家庭氛围中能够形成正确、健康的观念和行为习惯。父母在进行家庭教育的同时要特别注重家庭氛围的和谐，要让孩子在和谐的家庭氛围之中成长。

二、发展家庭体育

（一）家庭体育概述

家庭体育是指每个家庭成员在日常的家庭生活之中都是一个基本单位，每个家庭成员根据自己的兴趣爱好、个人需求进行适宜的体育活动。通过体育活动最终能够促进家庭关系和睦，提升家庭成员的身体素质，培养家庭成员之间的感情，促使每个家庭成员养成良好行为习惯。

1. 多样性

家庭体育活动形式十分多样，每个家庭成员可以根据自身的需求和爱好选择适合自身的体育活动。

2. 自主性

家庭体育的自主性主要体现在活动时间的安排上，业余时间可自行安排活动。

3. 全面性

这里所提到的全面性是指家庭体育活动所产生的锻炼效果。每个家庭成员在参与家庭体育活动之后既能促进身心的健康，还能促进家庭关系的和谐。

4. 灵活性

家庭体育对场地器材要求较低，在院子里、周围空地等都可以活动，灵活自由。

（二）家庭体育对青少年体质健康的积极影响

1. 家庭体育是学校体育的良好补充

家庭能够连接学生的校园学习和校外生活。家庭体育活动还能帮助学生培养自主性，学生可以根据自己的实际情况安排锻炼活动。家庭体育的针对性使学生的主体性得到满足，并且能够帮助学生巩固在学校学到的体育知识和技能，促进学生的身体健康发展。

2. 家庭体育可减少不良生活方式对青少年体质健康的危害

喝酒、吸烟、沉迷于网络等不良行为习惯都是造成现代学生身体素质下降的重要原因，家长对此要有正确的认识，并予以重视，在日常的生活中引导学生养成正确、积极、健康的生活方式。父母对于孩子的兴趣爱好要有所了解，针对学生的爱好和需求安排家庭体育活动，鼓励学生进行体育活动，让学生能够保证良好的身体素质和健康的心理状态。家长在纠正学生不良生活方式和教育学生的同时还要注意与合理的膳食、组织家庭体育活动相结合。

3. 家庭体育对培养青少年的终身体育意识具有重要意义

想要培养学生具有终身体育意识需要一段很长的时间，在这个过程中学生必须保持积极、主动的态度。学校的体育教育在这方面能够为学生打下基础，同时家庭体育教育也至关重要。

家庭体育要配合学校体育，鼓励孩子成为体育积极分子，多培养孩子的体育意识与体育能力，使孩子在锻炼中获得健康、获得乐趣、获得成功与享受。

（三）青少年参与家庭体育的需求分析

为了更好地了解学生对家庭体育的需求，我们向 125 名学生发放了调研问卷，最终得到 120 份有效问卷，以下是根据调查结果得出的分析结果。

1. 青少年参与家庭体育的动机

学生之所以参加家庭体育活动，是为了与父母进行沟通，加深彼此之间的感情，并且放松身心。

很多学生对于"没生病就是健康"的说法持反对意见，并以初中生与高中生居多。这表示目前很多学生对于身体健康已经有了一定程度的理解。但大部分学生还是因为各种原因缺乏家庭体育活动，这就形成了明显的矛盾。

2. 青少年对家庭体育的需求内容

（1）条件需求

我们经过调查之后发现，很多学生对于家庭体育活动的器材有一定程度的需求，但是对于体育动作的指导却没有具体的需求。学生的年龄越大、所储备的体育知识越丰富，对于体育指导的需求就越少。

（2）时间需求

我们经过调查之后发现，学生对于参加家庭体育活动的意愿都很强烈，很多学生都希望能够在清晨参与家庭体育活动，之后才是晚上和傍晚，中午是最不愿意参加家庭体育活动的时段。清晨和晚上一般都是学生与家长共处的时间，因此在这两个时间段安排家庭体育活动较为合理。

第三节　青少年体质健康的社会干预路径研究

学生的身体素质和健康促进一直是一个综合性的社会问题，我们在审视这个问题的时候不能仅要从我国的体育发展层面出发，更要从全社会的发展角度去看待问题。要积极引导社会关注青少年体质健康问题，参与到改善青少年体质健康的活动中，针对性地进行处理，以扭转我国青少年体质健康下降的现状。目前，国家所提出的"健康中国""全面健身""可持续发展"的政策和理念都为青少年体质健康的改善提供了非常好的机会，我们应该紧紧抓住这来之不易的机会去积极解决青少年体质健康问题，努力提升青少年体质健康水平，为我们的可持续发展打下良好的基础。

一、注重环境保护

（一）环境与健康

1. 环境污染物

自然环境和社会环境会对人类的身体健康产生巨大的影响，环境对人类的体质健康造成的影响主要指的是环境污染对人类的体质健康所造成的不良影响。环境污染是由污染物造成的，常见的环境污染物类型见表4-3-1所列。

表4-3-1　环境污染物类型

分类	举例
化学性污染物	有害气体
	农药
	高分子化合物
	有机化合物与无机化合物
	重金属
物理性污染物	粉尘
	噪声
	电磁辐射
	电离辐射
生物性污染物	寄生虫
	有害动植物
	病原微生物

2. 环境污染对健康的影响

交通性污染、电子污染、医院污染、生产性污染、生活性污染等是上述常见环境污染物的主要来源，这就导致环境污染具有广泛性、长期性、复杂性，对人体健康的危害非常大，具体见表4-3-2所列。

表 4-3-2　环境污染对人体健康危害

危害类型	具体危害	
特异性危害	急性中毒	光化学烟雾事件
		急性烟雾事件
		其他急性危害事件
	慢性危害	公害病
		慢性职业病
	远期危害	致突变作用
		致畸作用（生物性因素、化学性因素及物理性因素都是主要的致畸因素）
		致癌作用（物理性因素、化学性因素及生物性因素都是主要的致癌因素）
非特异性危害	因环境污染物的非特异性作用使有关功能减弱，从而间接影响所导致的损害，如高温环境使胃肠道疾病发病率提升等	
其他危害	传播疾病等	

（二）环境保护的概念与内容

1. 环境保护的概念

人类解决实际发生的环境问题和潜在的环境问题，促进自身与环境的和谐关系，都是在保障社会经济持续发展的基础上对环境进行保护的行为。常见的几种环境保护的方法是行政管理类保护、工程技术类保护、制定法律法规保护、经济类保护以及宣传教育保护等。

2. 环境保护的主要内容

环境保护主要包括以下几项内容。

（1）防治开发建设活动中引起的环境污染

①要注意防治因围湖造田、农耕、海洋开发、海上石油开采、森林开

发与矿物质开采所造成的环境问题。

②要注意防治因大型机场项目、水利工程、海岸港口、修建铁路以及公路所造成的环境破坏。

③建设新工业区、新城镇等容易破坏与污染环境，要特别注意防治。

（2）防治生产生活活动中引起的环境污染

①要注意对因交通运输所排放出的有害气体、污染物以及机动车运行所产生的噪音污染导致的环境问题进行防治。

②要注意因工业排放而产生的"三废"、放射性物质、粉尘、臭气、噪音等造成的环境污染进行防治。

③要注意因人们生活和农业活动所产生的有毒化学性物品所造成的环境污染进行防治。

④生活中排放的垃圾、烟尘极易污染与破坏环境，要注意防治。

（3）保护有特殊价值的自然环境

①保护珍稀物种及其生活环境。

②保护特殊的自然发展史遗迹、地质现象、地貌景观等。

二、完善与落实法律法规

（一）青少年体质健康促进中相关法律法规的落实情况

从改革开放到现在，我国颁布了一系列有关于改善青少年体质健康的政策和法律法规，搭建起了我国青少年体质健康的法律保障体系，初步解决了我国青少年体质健康没有法律法规可以依照的问题。不过，法律法规的制定并不能从根本上解决我国青少年体质健康的问题。

（二）青少年体质健康促进中完善与落实相关法律法规的办法

具体来说，在青少年体质健康促进中，为完善与落实相关法律法规，可从以下几方面着手。

1. 切实落实法律法规，加大监督力度

国家所制定的教育方针和相关的政策法规，各级的行政部门和各个学校需要认真贯彻实行，全面推动素质教育，要在"健康第一"的指导思想

下真正实践国家所制定的教育方针和相关政策。有关部门要对实行的各单位和学校实行监管，检查他们的贯彻实行情况，使学校真正贯彻相关法规，发挥法律法规的作用。

国家的有关部门和学校每年投入在学校体育发展方面的资金已经成为学校年度教育预算中重要的一部分。学校要保证这笔资金能够得到高效的利用，伴随每年教育资金的上涨，学校体育教育的经费比例也应该不断升高，只有这样才能够保障学校的体育教育工作顺利开展。

2. 结合各地实际情况细化和落实全国性综合法律

我国的政府部门所制定的《中华人民共和国体育法》是以我国的体育发展总体状态为依据的，在这其中有许多条文规定具有明显的呼吁性，缺乏对实施的约束力和具体行为的针对性，同样也不具备足够的可操作性。所以，各单位和学校在具体的实践过程中，要将政策与自身地区的实际情况相互结合，以我国总的法律为基础，因地制宜地制定更加符合实际情况的法律法规，完善具体的政策制度，提高法律法规的针对性、具体性和实效性。

三、重建大健康体系

我国国民的体质健康情况近年来出现逐年下滑的趋势，并且出现了很多健康问题。目前常见的身体健康问题主要有疾病治疗、健康护理等。现阶段，我国的健康保障体系处于建立了医疗卫生服务体系的阶段，通俗来说就是"有病看病，没病检查"，想要建立起一个能够涵盖生命周期，能处理包括生命、健康、疾病等常见问题，并且系统化的、多元化的大健康保障体系还十分困难。

大健康服务保障体系既要包括医疗卫生服务保障体系，还要包括养生、强生的健康服务体系，并且还需要包含大众生活模式改进方案与生态环境保护模式等内容。构建大健康服务保障体系可以从以下两方面着手。

（一）构建大健康政策体系

1. 大健康体系应突出综合体系特点

目前我国所存在的医疗服务体系、体质健康政策、相关的保障制度体系等都是以西医为主。自新中国成立以来，所建立的医疗卫生服务政策和制度始终是围绕西医展开，因此，我们会发现在大部分的法律和政策条文中会都出现"医疗"替代"健康"的现象，即便是社区的卫生服务中心、单位的医疗保障中心等单位，在建立医疗卫生服务制度和体系的时候也会以西医防病治病作为中心。总而言之，我国的体质健康主战场都是西医的医疗体系，目的在于保护和抢救人民的生命。这表示我国的医疗卫生服务体系的建设一直处于被动阶段，所有的医疗体系的建设根本是"生病"，并没有做出人们在生病之前应该如何应对，如何从养生的健康保健层面去预防疾病，保持健康，如何运用医养强生来促进自我康复等。

我国在建立医疗卫生体系时出现了一个错误的观念，那就是将以西医为主的医疗卫生保障体系与健康保障体系画上了等号，甚至有些以西医为主的医疗制度改革都是以此为基础。目前，我们需要对大健康保障系统的概念和内容有充分的了解，医疗卫生保障体系只是其中的一部分。

2. 加强对大健康制度保障体系的重建

在重建大健康制度保障体系的过程中需要保持与时俱进的观念，要在制度的角度对所有有关人类健康的行业进行整合。例如，我国的医疗政策制度的建立一直是以西医为主进行设计的，中医在治病的理念上与西医有极大的差异，往往病人在进行西医的手术后会运用中医进行调理，但是中医的精华却没有在当前的医疗体系中得以呈现。所以，在进行医疗政策制度重建时，应充分结合中西医的价值与作用。

（二）构建大健康学科体系

1. 正确理解大健康学科体系

当我们把大健康政策体系梳理完毕之后，就需要研究相关的学科体系，并进行构建。构建学科体系的目的是为了培养学科专业人才，而我们在培养人才之前要认识到，健康学科体系与现代疾病学科体系并不相同，健康学科体系是一个崭新的概念，它的设计基础是大健康保障体系。构建健康学科时，先要对健康的概念进行重新认识与理解，包括重新确认健康教育的模式。

建立人才培养模式也是建立健康学科体系中重要的一环。我们在培养健康人才时不仅是要将他们培养为医生，更要将他们培养为健康建设人才和健康管理人才。

2. 建设健康学科体系要树立大健康理念

当前，社会和科研人员将很大一部分的医学力量投入到了研究和治疗疾病上，他们对于健康的概念也是基于疾病的角度出发，并在进行疾病治疗、健康防护等方面运用了单一的医疗卫生体系，由此，我们可以说，原来的医学理论的健康发展的战略上所使用的防御战略是对应预防疾病，而采用的进攻战略对应的是治疗疾病。这就使得我们对于健康的本质产生了片面性理解，也无法建立起系统的健康学科体系，并且已经建立的医学与健康学科体系也存在缺陷，例如，在医学人才培养方面，很多医疗部门太过重视药品和技术的研发，对于培养优秀的医疗人才并不重视。因此，我们需要构建起一个相对独立的健康学科理论体系，制定崭新的人才培养模式，才能对解决健康问题产生有利的影响。

四、健全社会公共体育服务体系

（一）建立健全我国公共体育服务体系的价值导向

1. 建立健全公共体育服务体系的价值先导

"以人为本"是建立健全公共体育服务体系的价值先导，具体体现在以下几个层面。

（1）逻辑起点：保障公民的体育运动权益。

（2）最终归属：满足公民的体育运动需求。

（3）内在要求：以公众为中心的构建理念。

2. 建立健全公共体育服务体系的实践导向

以人为本为公共体育服务体系的建立健全提供了理论导向，在具体构建实践中，应坚持以下导向。

（1）公平公正的价值取向。

（2）注重效率，将公平与效率的关系处理好。

（3）统筹兼顾，将体育系统与其他环境变量的关系处理好，将公共体育服务与其他相关公共服务的关系处理好。

（二）加强公共体育服务体系的制度创新

在公共体育服务体系的构建与完善中，加强制度创新应从公共体育服务的供给内容与供给方式两方面着手。

1. 公共体育服务供给内容的制度创新

公共体育服务供给内容的制度创新主要是指形成全民健身、竞技体育、体育产业三位一体的服务内容体系。

（1）努力突破全民健身的瓶颈性障碍。

（2）对竞技体育的公共产品属性不断加以强化。

（3）促进体育产业的公共体育服务供给潜力的不断释放。

2. 公共体育服务供给方式的制度创新

构建与完善公共体育服务体系的核心在于加强服务供给方式的创新，具体从以下几方面着手。

（1）对公共体育服务的市场供给主体进行培育。

（2）强化对体育社会组织的制度性吸纳。

（3）鼓励公众力量参与体育治理。

五、构建家庭、学校、社会的协同发展机制

（一）家庭、学校、社会协同促进青少年体质健康的现状分析

1. 目标不统一

从现实的角度和实践的层面来看，学校对于体育教育的重视远没有对于智育的重视，学校对学生的身心健康的重视程度低于对文化知识学习的重视程度。"重智轻体"的现象普遍存在于各个阶层的学校与教育考试之中。

2. 责任不明晰

在青少年体质健康促进中还存在以下疑虑。

第一，谁是参与主体？

第二，谁又是客体？

第三，如何区分主客体？

第四，主客体各自承担的责任是什么？

第五，如何区分学校、家庭及社会的责任边界？

如果无法解决上述问题，那么是无法促进青少年体质健康发展的。家庭、学校以及社会在促进青少年体质健康的过程中有一个共同的角色——促进者，但是在实践过程中，上述三者却没有认清自己的责任，没有形成体系的针对性与组织性。无法引导青少年体质健康促进工作的开展，所以，实践中的青少年健康促进工作并没有取得良好的效果，青少年体质健康等问题也没有彻底地解决。

（二）家庭、学校、社会协同促进青少年体质健康中问题产生的原因

1. 观念不一致

中国的学校在现阶段还没有摆脱应试教育的影响，对于体育教育的设计与实施都不太重视，还是重视文化课程的教学和成绩。有很多家长则认为学校应该担负起学生体育锻炼的主要责任，不应该由家庭承担主要责任；社会则对于青少年的体育锻炼需求没有进行深入考虑，这导致了家庭、学校与社会这三者之间的协同作用完全没有起到应有的效果。

2. 机制不健全

我国在青少年体质健康促进方面还未建立起家庭、学校和社会相互协同的机制，机制的缺失及不健全制约了三者之间的互动与配合，也限制了三者积极促进作用的发挥。

3. 衔接不到位

学校、家庭及社会的衔接不到位主要体现在以下几方面。

（1）家庭与社会的衔接不到位，缺乏相应的配合机制。

（2）学校管理部门与社会体育管理部门缺乏沟通。

（3）父母引导孩子体育锻炼与体育教师培养学生体质的衔接不到位。

（三）家庭、学校、社会协同促进青少年体质健康中问题造成的影响

1. 宏观影响

家庭、学校、社会在青少年的体质健康促进工作之中无法形成有效的结合和协同，无法扭转青少年体质的下降趋势。长此以往，我国的体育人才储备就会受到影响，体育人才的质量、中国民众的身体素质、社会的和谐稳定，甚至国防安全都会受到一定的影响。

2. 微观影响

家庭、学校、社会这三者在促进青少年体质健康的过程中没有相互协同作用，最终无法保障青少年的体育活动时间。三者之间的协同不够、相互作用不足、互动了解不够，没有做到相互作用、相互协同，导致青少年无法得到有效的体育活动时间，最终对青少年的体育锻炼效果产生了不利的影响。

第四节　青少年体质健康的运动干预理论

体育活动能够帮助人们提升身体素质、保持健康，这是众所周知的事实，青少年进行体育锻炼不只能够提升自身的体质健康，更与国家所提出的"体育强国""健康中国"等战略强国计划有着密切的关系。因此，青少年体育活动的重要性不言而喻，增强青少年的体质健康也是为国家的健康发展做好基础工作。

一、体育运动锻炼与青少年体质健康

（一）合理体育锻炼对青少年体质健康的影响

1. 增进身体健康

青少年常常参与体育活动能够提升自身的身体素质、锻炼身体肌肉、

强化心血管技能、提升呼吸系统功能、改善神经系统的调节能力、提升内分泌系统和免疫系统的功能、有效改善亚健康状况，最终使自身的生理机能、身体形态、运动能力都处在完好、健康的状态。

青少年进行正确、科学、适当的体育活动能提升身体素质，锻炼青少年的全身和系统器官，进而使细胞分子也可以得到锻炼，最终达成全面提高身体素质的目的。从该层面来看，体育活动能够帮助人体从低级功能迈向高级功能，达成横向协调和纵向服务的转变。青少年在体育锻炼的过程中，由于运动的负荷会刺激身体，使得受到刺激的人体部位形成积极的健康效应，并且对于其他部位也会产生相应的影响，所以人体会获得全面而协调的发展。体育锻炼的价值不仅仅在于对某一局部的改善，更在于人们通过主动运动而获得的各层次功能之间关系的协调与完善。

2. 促进心理健康

预防青少年心理异常、维护和促进青少年心理健康在现代青少年心理健康教育中是非常重要的教学内容。合理的体育训练能够帮助青少年建立良好心理素质，帮助青少年促进心理健康成长。适当的体育活动还能够帮助青少年排解学习压力、消除焦虑不安的情绪、缓解紧张的情绪，能够帮助青少年培养自身的坚韧品质、积极健康的心态以及提升竞争意识。这些心理素质培养与调节对于青少年乐观性格、坚强意志和强大自信心的形成具有重要意义。青少年只有保持积极乐观的情绪，保持健康快乐，充满生机活力，才更有追求幸福与成功的动力。

（二）运动缺乏对青少年体质健康的影响

青少年如果长时间不参加体育锻炼，新陈代谢就会明显下降，从而造成肌肉关节疾病产生、身体机能各种紊乱、心肺水平降低，甚至会导致许多负面的生理反应产生。而长期缺乏活动也是坐骨神经痛和痔疮等常见疾病的主要原因。

二、青少年体育锻炼现状分析

为了解青少年的体育锻炼活动的参与情况，我们对小学和初中的学生随机发放了 900 份"青少年体育教育问卷"，其中完成了 800 多份有效问卷，其中男性占有 436 份，女性占有 364 份。下面我们来分析一下问卷调查的结果与相关问题。

（一）青少年参与体育运动锻炼的现状

1. 运动项目与运动场所

（1）运动项目

从调查结果来看，在运动锻炼项目的选择上，选择跑步的最多，占 37.0%；羽毛球排第二，占 16.0%；篮球排第三，占 14.6%；乒乓球排第四，占 13.2%；之后分别是跳绳、毽球、足球与网球。选择网球的最少，仅有 0.2%，这与场地受限有关系。

（2）运动场所

就青少年展开体育运动、参与体育运动的场地来看，学生们通常在学校展开体育活动的机会较多，这也是因为学生大多数的时间都在学校，另外一部分则在社区和家庭也会花一定时间开展体育锻炼。相比之下，学校的运动场地、体育用品、体育氛围都比较好，因此大部分课外体育活动在学校进行。家庭体育活动发展的滞后性和社区公共体育服务系统的不足意味着学生将很少参加家庭和社区体育活动。

2. 锻炼动机

青少年运动和参与体育活动的动机因性别而异，男孩的动机从高到低分别是娱乐休闲、锻炼身体、缓解学习压力、学习运动技能及交友；女孩的动机从高到低分别是锻炼身体、缓解学习压力、娱乐、学习运动技能和交友。其中，减少学习压力动机的性别差异最为明显，其次是娱乐动机，反映了青少年学生心理感知的性别差异。

此外，研究表明，性别的影响在青少年和体育运动中是非常明显的，因为人的行为习惯、思想以及感受都受性别差异的影响，其中也包括运动。

（二）青少年参与体育运动锻炼的影响因素

据调查，影响青少年参与体育运动的障碍和因素很多，其中课业负担占 32%；其次是学校体育政策，占 19%。另外 10%、9%、7% 和 5% 分别是缺乏设施、缺乏辅导、家庭状况和父母影响。学生对体育的兴趣、体育基础情况等都是影响学生参与体育锻炼活动的显性因素。

参与体育活动的意识建立得是否完善，直接取决于家庭教育、体育教育、经济状况和文化水平等因素。

（三）促进青少年积极参与体育锻炼的建议

第一，学校树立"健康第一"的体育教育理念，将体育课的健康教育价值重视起来，保证每周4节体育课按时上，不得无故占领体育课时间进行其他教学活动。对课程表进行合理安排，从青少年学生身心等特点出发，在体育课堂教学中真正科学、合理地融入健康教育。此外，促进校园体育活动体系的丰富和完善，加强对体育活动内容、载体和方法等方面的创新，使体育活动更有趣，更有吸引力。定期开展"校园体育运动会"，发挥该活动的示范引领作用，将各方资源整合起来对系列体育品牌活动进行创造与设计。

第二，在学校，我们要开展各种教育活动，向学生传播体育科学知识，提高青少年的体育意识，培养优秀的体育技能。确保所有学生每周至少参加3次中等体育活动，确保每个学生都能学到特定的体育技能，并在生活中加以运用。

第三，政府加大购买公共服务的力度，在青少年体育锻炼领域大力实施供给和调节，全面建设公共体育场地设施，将户外球场、体育馆、健身房、游泳馆等资源充分利用起来开展体育活动，为青少年参与体育锻炼提供便利。

第四，发挥家庭、社区的作用。一方面拓展渠道，广泛筹集资金，建立多元协同机制来保障青少年的体育锻炼，拓宽路径使社会资源在青少年体育锻炼领域得到充分的运用，引导社会各界力量的共同支持；另一方面，在青少年体育锻炼过程中加强监督、检查和指导，多开展群体性体育活动，培养青少年学生的合作与竞争意识。

第五节 青少年体力活动的促进

随着社会的进步，城市化、工业化、信息化及智能化的推进，人类生活、工作和学习中的便捷性迅速提高，体力活动水平明显降低，成为肥胖、心血管疾病等慢性非传染性疾病高发的重要因素。我国中小学生升学压力较大，在很大程度上影响了其体力活动积极性。尽管国家力图通过增强学校体育教育工作来提高青少年体质健康水平，但是从社区、家庭等角度开展的青少年体力活动促进工作还较少。

一、青少年体力活动促进模型

（一）格林模式

1. 格林模式的内涵

格林模式，即"PRECEDE-PROCEED 理论模型"，是一种健康促进理论的综合应用模式。PRECEDE，即教育诊断和评估中的倾向因素、强化因素和促成因素，PROCEED 是在教育和环境的过程中的政策、管理和组织策略。格林模式的特点是通过研究和分析目标人群的需要去倒推满足需求的步骤和措施，其核心理念与健康促进的生态学模型相似，它们都认为健康行为受众多因素影响，具有复杂性和多维性。格林模式为健康促进教育提供了一个连续的操作模型，对青少年体力活动的促进工作有重要指导意义。

2. 格林模式的 8 个阶段

如图 4-5-1 所示，格林模式包括社会评估、流行病学评估、教育和生态评估、管理政策评估以及干预设计共 4 个评估阶段，以及后续的 4 个实施与评价阶段。社会评估是指了解目标人群的生活质量和所关注的问题。流行病学评估是指利用搜集的资料分析健康问题、判断干预目标，主要分

3 步进行：第一，评价各健康问题的重要性；第二，确定需优先解决的健康问题；第三，确定拟达到的健康目标。教育和生态评估是指分析影响行为的前置因素、促成因素和强化因素。管理政策评估以及干预设计是指分析可能影响干预项目效果的政策、资源和背景因素。

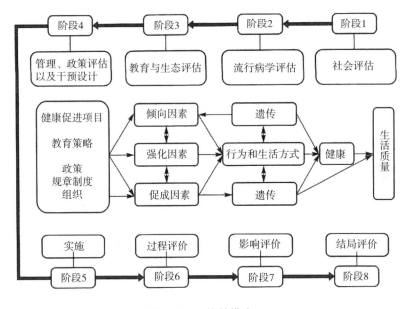

图 4-5-1　格林模式

在实施与评价阶段，过程评价包括对实施计划和步骤、实施范围和质量以及阶段性实施效果评价；影响评价是对倾向因素、促成因素、强化因素以及行为、环境因素的变化评价；结局评价通常会将重点放在健康行为的改变上，另外还要监测行为或者环境因素的变化。

3. 格林模式的应用

格林模式可灵活应用于个体、社区和人际等层面的多重健康促进理论，准确把握需优先解决的问题，确保健康促进策略制定的针对性和执行的有效性。国外已有大量研究将"PRECEDE-PROCEED"健康促进模式广泛应用于社区、临床及学校健康促进干预和某些特定人群的体育干预等领域，研究内容涉及不良饮食习惯、静坐生活方式、吸烟、饮酒等行为的干预，取得了良好的效果。1999 年，威尔克（Welk）等人构建了青少年体力活动促进模型（Youth Physical Activity Promotion Model，YPAPM），如

图 4-5-2 所示。

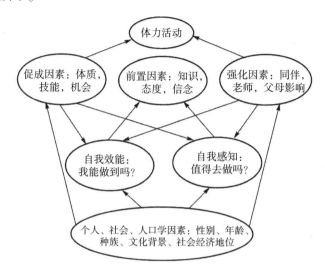

图 4-5-2 青少年体力活动促进模型 YPAPM

与之相比，国内应用"PRECEDE-PROCEED"模式开展的研究较少。苏连勇等曾采用"PRECEDE-PROCEED"模式建立了自闭症幼儿的体育干预体系，取得了良好的效果。颜昶、徐丽平将"PRECEDE-PROCEED"模式引入"学校健康促进模式"和"终身体育"理论体系之中，认为该模式对于学校体育和健康教育具有重大的指导意义，但未对其进行深入研究。与国外丰富的研究成果相比，国内学者还处于应用"PRECEDE-PROCEED"模式进行研究的初始阶段。

（二）生态学模型在体力活动干预中的应用

生态学理论认为，健康行为是在多维因素及其交互作用的影响下改变的，外围环境可以从多个层面影响人们的体力活动行为。体力活动促进工作要想获得较好的效果，就需要从多个层面进行综合干预。

1. 个体层面的干预

个体因素对行为的影响是传统行为科学的研究重点，在此基础上建立的理论包括健康信念模式、自我效能理论、合理行动理论、计划行为理论等，这些理论已经在体力活动干预中取得了一定成效。

健康信念模式是最早应用于体力活动的行为科学理论，尽管研究表明它对体力活动的行为解释能力有限，但是采用这一理论干预肥胖青少年体力活动具有一定效果。自我效能理论对行为的解释能力很高，因此在体力活动干预中应充分考虑到对目标人群的自我效能干预，提高其对体力活动的兴趣和信心。阶段变化模型在一定程度上整合了部分个体水平的理论，有利于深入分析个体的体力活动认知、态度和行为特点，并制定针对性的干预策略。

2. 环境层面的干预

在人际环境层面，干预的重点是通过家人和同伴营造良好的体力活动支持环境。父母需以身作则，发挥示范带头作用，并从经济、时间和态度等方面给子女充分的支持。

机构层面，干预的重点是学校体育。学校要从制度建设、组织机构、物质支持、活动支持等方面给青少年建立良好的体力活动环境，尤其在执行国家政策方面，还要与家庭、社区一起建立联动的体力活动促进机制。

社区层面，其干预的核心在体力活动设施、活动、宣传。社区建成环境设计对青少年的体力活动参与意愿影响较大，安全性、通达性是需要考虑的重点。社区的体力活动服务和健康服务也是促进青少年产生健康信念和自我效能感的重要途径。

政策和舆论层面，各个国家和专业的健康机构都需要充分发挥其职能作用。专业的健康机构应组织专业团队，应用现有的健康促进模型，通过科学的测量了解当前青少年的体力活动特点，并建立针对性的体力活动指南。同时，不同国家的机构之间还需要加强国际交流与合作，取长补短，通力合作，共同致力于青少年体力活动研究与实践。政府部门应发挥自身力量，动员学校、社区、卫生等相关部门参与到青少年体力活动之中，加强政策的针对性，积极利用媒体宣传，营造良好的体力活动社会文化氛围。

国外学者已应用健康促进生态学理论开展了多项促进体育锻炼的研究与实践。例如，美国、日本等发达国家在大量健康促进研究的基础上编写了《国民体力活动指南》；约翰（John）和杰西（Jessie）将生态学模型应用到学校体育锻炼干预之中，取得了较好的效果。此外，在健康促进生态学模型的基础上，美国专门针对学生制定了学校、家庭和社区的综合体力活动促进指南，具有重要参考价值。

我国学者应用生态学理论开展的体力活动研究主要集中于最近 10 年，目前还主要集中在理论阐述和策略分析方面，应用到青少年体力活动干预的研究极少。张戈的研究显示，学校政策和体育社团是大学生体力活动行为干预的有效途径。陈培友采用探索性因子分析和验证性因子分析方法，应用生态学理论构建了由 3 个二阶因子和 6 个一阶因子组成的青少年体力活动的影响因素模型，并发现青少年对家庭、同伴和教师的社会支持满意度较低。

（三）多层次社区健康路径模型

1. 多层次社区健康路径模型概述

1988 年，西蒙斯·莫顿（Simons Morton）等提出了多层次社区健康路径（Multilevel Approach to Community Health，MATCH）。多层次社区健康路径模型认为，干预措施应该针对不同个体和目标而制定，应根据总体目标制定不同层次的分目标。和格林模式一样，多层次社区健康路径模型也已被广泛应用于健康促进领域。格雷戈里·韦尔克（Gregory Welk）基于社会生态理论提出了"青少年身体活动促进模型"（Youth Physical Activity Promotion Model，YPAPM）❶，从多个相关影响因素来预测青少年的身体活动行为，以此提供有效的身体活动指导建议方案。美国医学研究所在报告中提出了"学校一体化的方案（A whole-of-school Approach）"，学校将把学生的日常身体活动纳入教育，各个部门相互配合全面促进学生的身体活动。另外，通过校内外身体活动、高质量体育课、教师和家庭以及社区的综合性学校身体活动项目（Comprehensive School Physical Activity Programs，CSPAP）是帮助学生达到 60 分钟 MVPA／天的标准，并养成规律运动的生活方式。

2. 多层次社区健康路径模型的阶段和步骤

见表 4-5-1 所列，多层次社区健康路径模型包括目标选择、干预计划、制订实施计划、实施准备和评估共 5 个阶段，每个阶段又分为几个步骤。

---

❶ 刘梦环. 小学生身体活动水平比较研究——以无锡、南京和徐州水平三学生为例 [D]. 江苏：南京体育学院，2020.

表 4-5-1　多层次社区健康路径模型的阶段和步骤

阶段	内容	步骤
1	目标选择	步骤1：选择健康状况目标 步骤2：选择高优先级人口 步骤3：确定健康行为目标 步骤4：确定环境因素目标
2	干预计划	步骤1：确定干预目标 步骤2：选择干预内容 步骤3：确定干预媒介 步骤4：选择干预途径
3	制定实施计划	步骤1：项目实施要件 步骤2：选择或编制干预课程大纲 步骤3：时间计划 步骤4：制作或者获得指导材料、产品和资源
4	实施准备	步骤1：促进采纳、实施和维护 步骤2：选择和培训实施者
5	评估	步骤1：过程评价 步骤2：影响评价 步骤3：结局评价

（1）目标选择

在该阶段，计划者应基于健康问题的流行现状、重要性、变化的可能性和其他相关环境因素来制定健康状况目标。计划制订者还应该确定干预的主要目标人群，分析最适用于该人群的健康行为，分析环境的支持性和障碍因素，构建环境目标。例如，在确定肥胖青少年为对象之后，通过分析他们现有的体力活动特点，确定通过加强体力活动和科学饮食来改善其身体形态，而环境目标则可关注学校是否具有相应的体育锻炼设施、相关体育课程和健康课程等。

（2）干预计划

在此阶段首先应确定干预目标，然后选择适宜的干预措施、内容、媒介和实施途径，包括讲座、培训、倡导、咨询、社区组织、社会推广以及社会行动等。例如，肥胖青少年的体力活动促进工作可以通过个体层面的健康教育和体育课程、组织层面的学校管理、社区层面的课外活动以及政策层面的规划措施等，制订综合的干预计划。

（3）制订实施计划

该阶段需根据干预目标和计划，确定可行的干预目标和层次、场所、媒介等实施计划。然后，创作干预材料，或选择适宜的干预课程，制订详细的个人干预计划或者群体干预计划。例如，确定对肥胖青少年针对性地开设健康教育和体育课程之后，就需要制订计划，落实课程的内容和材料。

（4）实施准备

在该阶段计划者主要从以下几个方面做出准备：①开展宣传，提出倡议，让目标人群认识到要改变不良现状；②挖掘健康需求，寻求环境支持；③通过案例等途径向目标人群证明干预的益处和可行性；④辨别出干预媒介和目标人群中的核心人物，对其进行引导和教育，以便对目标人群产生积极影响；⑤与决策者建立良好的工作关系；⑥实施人员的培训及监督。

（5）评价

多层次社区健康路径模型的评估也包括过程评价、影响评价和结局评价。过程评价的目的是确定项目的实施过程是否符合预期；影响评价包括知识、态度和行为的改变情况，以及环境因素的变化；结局评价是最后对整个项目在健康促进方面的效果进行评估。例如，在对肥胖青少年进行体力活动和饮食干预后，调查其饮食控制情况、体育课执行情况，了解青少年的健康知识、体力活动态度和对合理膳食的认知，分析周围环境是否提供了较好的体力活动支持，最后评价其体重、体成分等生理指标的改变。鉴于该模型可能需要很长的执行时间，可能最终无法进行结局评价，或者出现结局评价不理想的现象。

二、青少年体力活动指南

（一）世界卫生组织《关于体力活动有益健康的全球建议》

近年来，研究广泛证实体力活动不足与健康水平、疾病患病率以及死亡率之间呈正相关关系，体力活动不足已成为全球最大的公共卫生问题。世界上超过四分之一的成年人（14亿成年人）身体活动不够。全世界大约三分之一的女性和四分之一的男性没有进行足够的身体活动以保持健康。与低收入国家相比，高收入国家缺乏身体活动的程度要高一倍。自2001年以来，全球身体活动水平没有改善。2001—2016年，高收入国家中活动不够的水平增加了5.2%（从31.6%增至36.8%）。缺乏身体活动的水平上升，对卫生系统、环境、经济发展、社区福祉和生活质量产生了负面影响。2016年，全球18岁及以上的成年人中，28%身体活动不够（男性23%，女性32%）。这意味着他们不能达到每周至少150分钟中等强度或75分钟高强度身体活动的全球建议。在高收入国家，26%的男性和35%的女性身体活动不够，而低收入国家中男性和女性的比率分别为12%和24%。身体活动水平低下或下降，常常与国民生产总值较高或上升相对应。身体活动减少的部分原因是在闲暇时间不作为，以及工作时和在家里的久坐行为。同样，更多地使用"被动"的交通方式，也造成了身体活动不够。2016年，全球11～17岁的青少年中，有81%身体活动不够。青春期少女比男孩的身体活动程度更低，分别有85%和78%的人不能达到世卫组织关于每天至少60分钟中等强度至高强度身体活动的建议。

2012年世界卫生组织发布了《关于身体活动有益健康的全球建议》，重点是研究用于慢性非传染性疾病一级预防的整体体育活动之间的低频预防、持续时间、强度、类型和数量效应。文件中的建议适用于三个年龄组：5～17岁，18～64岁和65岁及以上者。其中5～17岁青少年的体育活动包括在家庭、学校和社区中的玩耍、游戏、体育运动、交通往来、家务劳动、娱乐、体育课或有计划的锻炼等。有助于加强肌肉和骨骼健康，减少慢性非传染性疾病的风险。相关的主要内容如下。

（1）5～17岁青少年学生每天至少参加累计60分钟以上的中等到高强度的体力活动和每周至少进行3次较高强度的体力活动。

（2）要想获得更多的健康效益至少需要60分钟以上的体力活动。

（3）每周至少应进行3次类似于强健肌肉和骨骼的高强度身体活动，确保日常体力活动中的有氧运动。

2018年，世卫组织启动了《2018-2030年促进身体活动全球行动计划》，其中概述了4个政策行动领域以及20项针对会员国、国际伙伴和世卫组织的具体政策建议和行动,以加强全球身体活动❶。全球行动计划呼吁各国、城市和社区采取"全系统参与"的对策,让所有部门和利益攸关方在全球、区域和地方各级采取行动,提供安全和支持性的环境以及更多的机会,帮助人们提高身体活动水平。

2018年,世界卫生大会商定了到2030年将缺乏身体活动的情况减少15%的全球目标,并与可持续发展目标达成一致。世界领导人承诺制定雄心勃勃的国家可持续发展目标对策,为重新关注和重新努力促进身体活动提供了机会。

世卫组织于2019年启动的"积极生活"工具包为如何启动和执行全球行动计划中概述的20项政策建议提供了更具体的技术指导。

全球行动计划和"积极生活"工具包提出了可根据当地文化和背景进行调整和定制的政策方案,以帮助提高全球身体活动水平,其中包括:

(1)为所有年龄组制定和执行国家的身体活动准则;

(2)建立有所有相关政府部门和主要非政府利益攸关方参与的国家协调机制,以制定和实施连贯和可持续的政策和行动计划;

(3)开展全社区宣传运动,提高人们关于身体活动对健康、经济和社会的多重益处的了解和认识;

(4)投资于新技术、创新和研究,以制定具有成本效益的方法,增加身体活动,特别是在资源欠缺的背景下;

(5)确保定期监测和监督身体活动和政策的执行情况。

世卫组织的指南和建议为不同年龄组和特定人口群体提供了关于需要多少身体活动以保持健康的详细说明。

5~17岁儿童和青少年一周中每天应当至少进行60分钟中等强度到高强度身体活动,主要是有氧的身体活动,每周至少3天应当有高强度的有氧运动,以及加强肌肉和骨骼的活动;应限制久坐不动的时间,尤其是观看屏幕的娱乐时间。

残疾儿童和青少年一周中每天应当至少进行60分钟中等强度到高强度身体活动,主要是有氧的身体活动;每周至少3天应当有高强度的有氧运动,以及加强肌肉和骨骼的活动;应限制久坐不动的时间,尤其是观看屏

---

❶ https://www.who.int/zh/news-room/fact-sheets/detail/physical-activity

幕的娱乐时间。

（二）体力活动促进的国家行动计划

在"第五十七届世界卫生大会"倡导各会员国积极制订体力活动的国家行动计划之后，许多国家的政府机构相继发布了以通过体力活动改善和增进国民健康为宗旨的指导方针、行动计划，在这些计划中对青少年、中青年和老年人等人群制定了相应的体力活动指南。其中，2008 年版的《美国国民体力活动指南》最具代表性。该指南包括 4 份文件：（1）针对政策制定者和健康从业人员的指南（2008 Physical Activity Guidelines for Americans）；（2）针对 18～64 岁的成年人的活动手册（Be Active Your Way：A Guide for Adults）；（3）针对社会组织、社会团体和社区的工具包（2008 Physical Activity Guidelines for Americans Toolkit）；（4）针对专业人士和研究者的咨询报告（2008 Physical Activity Guidelines Advisory Committee Report）。《美国国民体力活动指南》不仅整理了大量体力活动与健康促进方面的开创性研究成果，还分别针对青少年、成人、老年人、特殊人群进行分析，并从活动方式、强度、时间等方面对体力活动健身进行了科学阐述，为美国国民的体力活动健身提供了科学化的指导和非常重要的依据，是当今体力活动研究的权威参考。

（三）青少年体力活动指南的演进历程——以美国为例

美国是建立儿童青少年体力活动指南的代表性国家。1992 年，美国运动医学会（ACSM）、疾病预防控制中心（CDC）与"美国总统体质与运动委员会"（PCPFS）联合发布了一系列有关体力活动生活方式对预防疾病的意义。1994 年，专家组发表了针对青少年（11～21 岁）适宜体力活动水平的建议（Toward an understanding of Appropriate Physical Activity Levels for Youth）。同年，科尔宾（Corbin）等专家在"总统体质与运动委员会研究文摘"上发表了"儿童终身体力活动模型"（Children's Lifetime Physical Activity Model，简称 C-LPAM），这是首份真正意义上的青少年体力活动指南。2001 年英国学者吉尔森（Gilson）等人的一项研究以该指南来评价青少年体力活动水平，进一步证实了该指南的有效性。

1998 年，美国国家体育教育协会和英国健康教育局分别发布了各自的青少年体力活动指南，其中英国指标的题目为"Policy Framework for Young People and Health-enhancing Physical Activity"，提出体力活动方式包括交通、体育课、玩耍、游戏、运动、休闲、功能性身体锻炼等方式；要求青少年在一周中的大部分天数都需要参加至少60分钟中等强度体力活动。目前参加体力活动较少的青少年，应每天参加30分钟中等强度体力活动，并逐渐增至60分钟。上述两份指南可算作国际上最早发布的全国性的青少年体力活动指南。2004年美国NASPE将该指南再次更新，并建立了体力活动金字塔（如图4-5-3所示）。

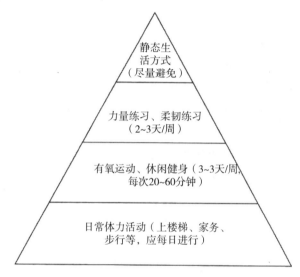

图4-5-3 体力活动金字塔

在此期间，美国健康和人类服务部（USDHHS）发布的"健康人2010（Healthy People 2010）"中对儿童青少年体力活动进行了相应的表述。2002年，加拿大发表了分别针对6～9岁和10～14岁儿童青少年的体力活动建议，澳大利亚在2004年发布了分别针对5～11岁和12～18岁儿童青少年的体力活动指南。

2005年，美国CDC专家组在大量学术研究的基础上，发表了另一份与NASPE相似的青少年体力活动指南，但其目标人群年龄有所提高，并对静态时间等指标做了进一步说明。2008年，PCPFS再次发布了以"美国总统挑战杯"为题的儿童青少年体力活动指南，其主要对象为5～12岁儿童，并将步行量作为青少年体力活动的参考标准。同年，美国体力活动指南咨询委员会（PAGAC）发布的《美国国民体力活动指南》专门针对儿童青少年提出了体力活动建议。2010 年，ACSM 在第 8 版的运动测试和运动处方指南中对青少年提出了新的体力活动建议：至少每周 3～4 天（最好每天）参加 30 分钟以上的中高强度体力活动，包括步行、游戏、活跃性玩耍、跳舞、体育活动以及骨骼和力量训练。

（四）《中国儿童青少年身体活动指南》简介

我国长期缺乏儿童青少年体力活动指南，在很大程度上制约了青少年健康促进工作的开展。在"上海市加强公共卫生体系建设 3 年行动计划"项目的资助下，国家儿童医学中心、上海体育学院等医疗卫生和体育专业团队在 2016 年 7 月组成了中国儿童青少年身体活动指南工作组。工作组征求了来自儿科、运动健康、公共卫生领域专家的意见，梳理了来自学生、家长、老师等各方对中国儿童青少年身体活动最关注的 10 个问题，系统学习和评价了国际上现有的涉及儿童青少年身体活动的 28 项指南，于 2018 年 1 月正式发布了国内首部《中国儿童青少年身体活动指南》（分为标准版和简化版），其中"身体活动"与本书中"体力活动"的内涵完全相同。《中国儿童青少年身体活动指南》采用问答的形式对 10 个问题进行了系统的解答，详细列举了国际体力活动指南及相关流行病学研究的证据，阐述了儿童青少年常见体力活动的代谢当量、儿童青少年主观运动等级强度等专业知识（如表 4-5-2 所列）。该指南的发布不仅可为教育、卫生行业的工作者在开展青少年体力活动促进工作时提供借鉴，还可以提升家庭、社区、学校、政府部门等社会各界对青少年体力活动的关注度，共同促进我国青少年养成良好的体力活动意识和行为习惯。

表 4-5-2　《中国儿童青少年身体活动指南》提出的主要问题与推荐意见

序号	问题	解答
1	什么是身体活动	人体所有骨骼肌收缩引起的高于基础代谢水平能量消耗的机体活动
2	什么是久坐行为	清醒状态下坐姿、斜靠或卧姿时任何能量消耗≤1.5 MET 的行为

序号	问题	解答
3	身体活动对儿童青少年身体健康有哪些益处	提升身体素质，促进体质健康，改善身体技能、器官组织功能、促进心脑血管新陈代谢，强化骨骼、关节和肌肉
4	身体活动对心理健康、认知、学业及社交技能有哪些影响	身体活动有益于心理健康；有助于认知发展和学业成绩的提高；可提高社交技能
5	久坐会对儿童和青少年产生哪些健康危害	久坐会导致儿童和青少年的体质变差、体适能下降、肥胖、心血管疾病等，还可能会产生社会适应性下降、自尊下降、学习成绩下降以及反社会行为等
6	儿童和青少年每天的活动量是多少？屏幕时间限制的最低要求	儿童和青少年需要维持每天最少 60 分钟的高强度活动量，还需要维持每周至少 3 天的高强度身体活动、肌肉增强运动、骨骼健康抗阻运动。每天屏幕时间限制在 2 小时内，鼓励儿童、青少年更多地动起来
7	可采用哪些方法评估身体活动强度	对于非专业人员，可以采用脉搏测量或者 RPE 量表对儿童、青少年身体活动强度进行评估
8	如何理解身体活动与伤害关系	较少进行身体活动的儿童、青少年更易受伤，应鼓励每天进行身体活动
9	不同气候环境条件下，如何指导儿童、青少年开展身体活动	儿童和青少年在户外活动时要选择空气质量指数类别为优/良时进行；当遇到空气质量类别为轻度/中度污染时，儿童和青少年便不宜进行户外体育活动；当遇到空气质量类别为重度/严重污染时，应避免儿童和青少进行户外体育活动
10	哮喘儿童、青少年如何进行身体活动	对于患有哮喘病的儿童和青少年而言，身体活动是重要的非药物治疗方式之一、哮喘儿童和青少年需要在医生的嘱托下进行药物治疗，并且进行适当的身体运动，配合药物进行治疗

三、我国青少年体力活动促进策略

我国长期重视发展青少年体育运动。2006 年 12 月 23 日，教育部、国家体育总局、共青团中央联合下发了《关于开展全国亿万学生阳光体育运动的决定》的通知，拉开了全国性"阳光体育运动"的序幕，这也是近年来我国青少年体力活动促进工作中最具代表性的工作。"阳光体育运动"旨在加强青少年体育锻炼、增强青少年体质，是体育与健康促进教育的完美结合，落实好"阳光体育运动"对推进青少年素质教育、保持民族旺盛生命力具有重要意义。此外，教育部、国家体育总局等部门每年都制定和发布许多青少年体力活动促进政策。但是，调查显示 10 余年来我国以"阳光体育运动"为代表的青少年体力活动促进工作始终存在着学生主动性不强、缺乏科学的理论指导等问题，这些问题长期制约着我国青少年体质健康的发展。在 2018 年 9 月的全国教育大会上，习近平再次强调：要树立健康第一的教育理念，开齐开足体育课，帮助学生在体育锻炼中享受乐趣、增强体质、健全人格、锤炼意志。

从"健康第一"的学校体育教育理念可以看出，"阳光体育运动"实质上是国家层面上实施的以学生为主体的健康促进干预策略。要深入贯彻落实这一健康促进干预策略，就必须充分借鉴健康促进相关理论，包括个体水平行为改变理论（健康信念、阶段变化、自我效能）、人际关系的行为改变理论（社会认知）和社区水平的健康促进理论（组织改变、创新扩散）等。生态学理论强调个体、人际、机构、社区和政策层面的综合干预，从"阳光体育运动"工作可以折射出，我国青少年体力活动促进工作的政策干预比较突出，但学校对政策的落实以及家庭、社区层面的配合明显落后。因此，我国的青少年体力活动促进工作还需要从以下几方面进一步加强。

（一）加强学校体育教育改革，促进青少年体力活动发展

1. 改善学校体育师资环境

（1）抓好关键人物和关键部门

在中央和地方各级政策都齐全的情况下，青少年体力活动促进工作开

展的质量和效果，取决于措施是否得力，落实是否到位。学校作为中央和上级政策的执行者，校长作为负责人主要负责系统如何实施、时间如何安排、器材如何提供、是否建立控制机制。因此，校长能否坚决执行青少年体力活动促进政策是改善学校体育环境的重要保证。而在具体的执行过程中，体育组的工作责任心和积极性则关系到实施的质量和效果。

（2）对教师进行专业培训

尽管中小学普遍建立了体育教师相关责任制度，但许多单位并未对教师开展针对性的培训。同时，非体育教师指导体育活动课也非常重要，需对其进行一定体育技能和组织方面的培训，充分调动他们参与青少年体力活动促进工作的积极性。

2. 开展形式多样的校园体育活动

（1）推进课内外体育活动改革

深化课外体育活动改革，需要不断推进体育教学改革，丰富教学内容，改良教学方法，加强教学效果。同时，课外体育活动、课间操等需要在形式和内容上进行改革，提高活动质量。

（2）丰富校园体育活动

学校举办各种各样的体育节、体育月和体育周等比赛，内容丰富多样，对所有人开放。根据学校的特点，增加特殊体育活动的数量，组织各种体育活动，举办体育比赛和以班级为单位的体育锻炼活动。

为了增加学生参与的数量和兴趣，教师可以把学生组织成小组，并计划共同努力实现他们的目标。中国儿童青少年体育健身指数评估报告（2017）数据显示，青少年身体活动水平得分严重偏低，表明学校体育需要从学校"有体育活动"向"有效体育活动"的工作思路转变，既要有充足的体育活动时间，又要提升活动时间里中高强度活动时间的比例。

体育教师应告知学生在放学后可以继续参加体育活动，并为学生提供最好的教学服务。体育教师还应定期对学生进行考核，发挥监督的作用。促进体育运动的最佳方式是让学生的家庭、社会和周围的人共同努力，重视他们的健康，关注体育。只有在环境发生变化时，青少年的健康才能得到根本的改变。

（3）开展校园精品赛事

根据中国儿童青少年体育健身指数评估报告（2017）的数据来看，当前我国青少年参与体育运动的状态仍然是强制性的和被动的。在这种情况下，对身体和精神健康的影响非常微弱。从被动活动到主动活动的转变是青少年在体育方面努力的重点，包括在校体育活动的组织和引导。组织和吸引不同类型的学生参加学校比赛是很重要的，可以从根本上改变学校的文化环境，改善身体条件。这是一项非常有意义的倡议。学校要合理设置比赛项目，举办校园体育精品赛事，让这些赛事成为传统，成为品牌。通过这些赛事，可以选拔优秀学生开展校际交流，扩大体育在校园内的影响力。体育精品赛事的设置既要考虑学生的兴趣爱好，又要考虑学校场馆的实际情况，以及"健康第一"的学校体育目标，力争通过赛事的引导，营造人人参与、人人运动的校园体育文化氛围。

3. 建立学生自己的体育组织

学生课外运动兴趣小组可以为学生提供参加运动的机会，通过建立不同的运动小组，使学生有渠道了解、学习、训练不同的运动项目。在课间，可以根据自己的兴趣自由选择运动小组，通过参加体育小组和建立体育兴趣，培养体育特长，为终身体育锻炼打下坚实的基础。

如果在课外体育活动的框架内创建俱乐部，可以根据学生的兴趣，通过联合活动选择不同的运动项目和合作伙伴。创建各种形式和项目的体育俱乐部和团体，如从等级上可设立提高班、初级班等，从时间上可设立周末班、夜训班等，有条件的学校还可以通过"体教结合"的方式培养优秀的校代表队运动员，推进体育俱乐部活动的开展。这种做法可以让学生既有项目选择自主性，同时又兼具一定的约束性。

4. 落实体育核心素养培育

为推动教育部门深入贯彻落实立德树人的根本任务，2016 年"中国学生发展核心素养"正式发布。"中国学生发展核心素养"以培养"全面发展的人"为核心，分为文化基础、自主发展、社会参与三个方面。学生必须具备适应终身发展和社会发展需要的基本知识和技能，是学生在知识、技能、情感、态度和价值观方面多样化需求的累积表达。随后，《普通高中体育与健康课程标准（2017 年版）》（以下简称"高中体育新课标"）将培育学生体育核心素养作为重要目标。"体育核心素养"指学生通过学科学习而逐步形成的正确价值观念、必备品格与关键能力，我国高中体育新课标将其界定为运动能力、健康行为和体育品德三个维度。中国教育科学研究院于素梅研究员将学生体育学科核心素养概括为体育情感、体育品格、运动能力、运动习惯、健康知识和健康行为共六个要素，并提出了"乐动会"体育课模式。总之，核心素养已成为我国落实"立德树人"的教育根本任务和深化教育全面改革的理念，青少年体育核心素养的培育将是今后数年内我国学校体育改革的重要依据。

（二）争取社会支持，促进青少年体力活动发展

1. 向全社会推行青少年体力活动促进计划

我国政府始终将青少年体力活动促进工作作为教育工作的重要内容。2018 年 1 月，国家体育总局、教育部等七部门联合印发《青少年体育活动促进计划》，提出了"青少年体育活动蓬勃开展、青少年身体素质不断提高、青少年体育组织发展壮大、青少年体育场地设施明显改善、青少年体育指导人员培训广泛开展以及青少年科学健身研究和普及成效显著"的六大目标，还提出了"广泛开展青少年体育活动、加强青少年体育组织建设、统筹和完善青少年体育活动场地设施、强化青少年运动技能培训、推进青少年体育指导人员队伍建设、加强青少年科学健身研究与普及和加强对青少年的体育文化教育"的七项任务。

习近平主席在 2018 年全国教育大会上强调："办好教育事业，家庭、学校、政府、社会都有责任。"可见，全社会都需要动员起来，在国家政策引领下共同构建青少年公共体育服务体系。媒体尤其应该加强宣传，使家长、教师、企事业单位都深入了解青少年体力活动的意义，为青少年健康促进工作服务。

2. 大力开展社区体育

（1）加大开展社区青少年体力活动促进工作

目前我国社区体育主要面向成年人，对青少年体力活动的开展较少，这是急需加强的工作。首先，需通过各类社区宣传途径，让居民懂得青少年体力活动不仅有利于增强其体质健康水平，还有利于培养健康的价值观和道德素养。其次，可以在社区组织青少年健康促进讲座，使家长懂得青少年体力活动的重要意义，懂得如何加强自己子女的体力活动。最后，社区还应该大力开展青少年体育文化活动，提高青少年的兴趣，充分发挥社区的功能。

（2）加强社区体育指导人员培养

社区体育的发展需要体育指导员具备一定的综合业务能力和专业水平，对社区体育指导员的管理和培训将成为重点改进方向。体育部等服务部门需要加快对指导员的素质培养，以帮助促进工作。

3. 构建学校、家庭和社区一体化的青少年体力活动促进工作模式

第一，为了青少年能有一个良好的运动环境，让青少年走出房间，走出家庭，走向社区，走向户外，走近健身，必须加快教育部门以及社会各界对体育资源的补充，加强对体育资源的利用。首先，需要家长与教育部门积极配合，发挥家庭教育的作用；其次，需要社区发挥其职能，营造良好的社区体育环境；最后，需要学校、家庭和社区通力合作，建立一体化的青少年体力活动促进工作模式。

第二，构建学校、家庭和社区一体化的模式，需要三方统一"健康第一"的指导思想，对体育一体化工作进行协调的资源调配与资源共享，以学校为中心，家庭为基础，社区为依托，建立三方协调发展的长效机制。

第三，学校需狠抓运动督导、健康教育、体育课堂、政策落实、管理组织、设施资金和人才队伍建设；家庭应重点抓好青少年体力活动的家长榜样、家长认识和家庭经济方面；社区需重视组织管理、场地资金和宣传教育等方面。

第四，体育课程教学要鼓励全体青少年学生热爱运动和培养运动习惯，要打破传统体育课程教学内容落后的现状，同时也要改善缺乏竞争、素质低下、学生没有能力竞争和表现乐趣等不良现状。体育教育应兼顾发达地区和欠发达地区的均衡发展，发展更高水平的"全天候的体育课程"。体育教学应以家庭体育教育与社会体育教育相结合为目标。

第五章　青少年体力活动社会生态系统分析及模型构建

就青少年体力活动的发展而言，其本身是建立在特定的社会生态系统基础之上的，在人类社会活动范围内，各种群体与生活环境共同组成的结构鲜明、功能突出的大环境，具体是指青少年生活所触及的自然环境与社会环境的总和。在本章当中，我们将重点阐述我国青少年体力活动社会生态系统、我国青少年体力活动促进社会生态系统模式构建。

第一节　我国青少年体力活动社会生态系统分析

从辩证的角度来看，任何一件事物的发生与发展都受到内部原因和外部原因的双重影响。具体而言，内部原因指事物内部存在的各个因素之间产生相互作用，进而衍生出内部的矛盾，这一矛盾将转化为推动事物发展的内在力量。外部因素则是指事物自身与其所在的环境之间会产生相互作用，进而衍生出外部矛盾。无论哪种因素，都是事物发展过程中不可缺少的一部分，二者在事物发展中所处的位置和发挥的作用各有不同。

内在因素能够反映出一件事物的本质，该事物与其他类似事物之间的差别所在，同时内在因素也是促进事物运动的根本动力，从某种程度上讲，它能够影响事物未来的发展方向。而外部因素可被看作是事物发展的外部条件。外部因素会与内部因素相互结合，对事物的存在与发展的形态产生本质的变化。在大多数情况下，外部因素主要决定了事物发展的速度与进程，但无法从本质上改变事物发展的方向。因此，内部因素对事物的发展有着决定性影响，而外部因素只能起到促进或抑制事物发展的作用。

根据唯物辩证法的理论，在针对具体的矛盾进行分析和解决的时候，不但要看到内因的作用，同时还需要在"内因论"的前提下，不忽视外因所起的作用。在对青少年体力活动减少、体力活动不足的原因进行分析的时候，依然要坚持唯物主义矛盾的观点，既要针对自身的因素（内因）进行分析，又要分析外部环境所起的作用（外因），唯有把这两者结合起来，才能厘清影响青少年体力活动问题的主要矛盾和矛盾的主要方面，有的放矢地设计和实施预防与干预措施，提升青少年体力活动水平，促进青少年健康发展。本节将基于社会生态系统视角，构建青少年体力活动社会生态系统，研究分析生态系统因子对青少年体力活动的影响及作用机制。

一、青少年体力活动社会生态系统

一些生态系统理论学者提出，当代青少年体力活动不足的主要原因是当代青年受到社会生态系统的影响，缺少能够广泛参与体力活动的机会，而这一生态系统又是在特定的时代背景、社会文化、物质环境等大背景下形成的。如果不能使社会生态系统中各个方面的因素保持平衡，就无法有效提升青少年体力活动的数量与质量。

青少年体力活动的社会生态系统本身具有动态性、多层次性、复杂性等基本特点。这主要是因为影响青少年体力活动的因素本身是多维度的，不同维度的因素对青少年体力活动的影响程度和影响范围各不相同，而不同因素之间又存在着相互制约、相互促进的关系。

推动青少年体力活动体系的构建是一个极为复杂的过程，在这一过程中，我们需要对青少年的体力活动范围与过程进行全面的分析，并针对具体情况，提出具体的解决方案，只有这样，才能保证该体系符合每个学生的情况，从而满足所有学生的体力活动需求。而在进行这一系列改革和体系搭建工作前，首先要找出导致这一问题的根本原因，否则便无法找到影响青少年体力活动的核心因素，更无法找到最佳的调控渠道。在找到根本问题后，便需要疏通子系统的信息传输通道，引导青少年体力活动水平不断提升。青少年体力活动社会生态系统如图5-1-1所示。

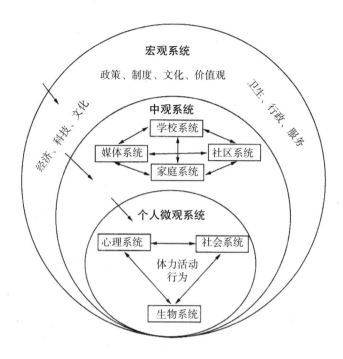

图 5-1-1　青少年体力活动社会生态系统

　　宏观系统主要是指学生无法直接接触到、但能够对学生产生较强影响的外部系统。主要包括学校教育行政管理部门、社区以外的其他社区、父母单位、社区管理部门、健康服务机构以及政策、制度、文化、价值观等。宏观系统可被看作是学生学习生活的大背景，影响着学生体力活动发展的上限与下限。

　　中观系统是指学校、家庭、社区、媒体以及它们之间的相互作用而构成的系统。学校、家庭、社区和媒体共同担负着青少年的体育教育，学校的教育对青少年培养而言，始终具有主导地位，学校的体育教育也是如此。但不可否认的是，学校的教育也离不开社会和家庭的支撑，每个子系统之间都存在相互关系，并都对整体系统承担特定的功能，这些子系统正是直接接触学生、并对学生产生直接影响的窗口。具体来说，学校子系统主要包括学生日常学习、生活的场所，在帮助青少年走向社会、融入社会的过程中起着不可忽视的作用。通过参与学校体力活动，青少年可以学会基本的体育锻炼知识与技能，养成良好的锻炼习惯，为其日后应对社会压力奠定良好的健康基础。家庭和社区这一子系统包括家庭、软件条件、社区体育硬件设施、家庭成员对青少年体力活动的态度等方面。媒体子系统主要担任着传递信息的重任，但媒体本身也是一把双刃剑，一方面，青少年能够通过媒体获得有关增强体育锻炼的相关信息，为自己的体育锻炼提供方便；另一方面，媒体中存在大量干扰信息，也会导致学生转移兴趣，且长时间使用电脑、手机、电视会影响学生的身心健康。

青少年的自我认知能力会随着年龄的增加而增加，在不同的年龄阶段，他们所接触的环境也会不断发生改变。青少年的成长正是在内因与外因的共同影响下进行的。在对青少年体力活动中存在的问题进行溯源时，一定要坚持历史唯物主义的思想观念，采用发展的眼光看待问题，否则可能无法得出客观的、具有实践价值的结论。

从个体微观角度来看，生理、心理及社会各个子系统之间始终存在着相互作用，正是这样的相互作用构成了个体微观系统，并对社会环境产生了不可忽视的影响。从中观系统的校对来看，学校、家庭、媒体及社区子系统之间也存在着相互影响。在整个社会生态系统中，微观、中观、宏观系统是层层递进的关系，每一层次都对青少年体力活动水平产生影响。

二、青少年体力活动社会生态系统特点

就青少年体力活动社会生态系统而言，其本身就是一个极为复杂的系统，通过对该系统进行剖析，能够表现出目的性、整体性、层次性、动态性和开放性的基本特点。

(一) 目的性

促进青少年的身心健康是一个系统性的过程，这一系统有着明确的目的性。该系统的目的性体现在儿童和青少年的家庭、学校和社会中，以及相关政策法规对学生体育学习的综合影响中。国家颁布了一系列与体育有关的政策法规，学校还配备了与体育有关的体育设施、设备和教师，其基本目标是为年轻人提供社会和学校良好体育教育的有力保障，帮助学生获得体育知识和技能，并逐渐形成健康的运动方式。

（二）整体性

学校、家庭和社会共同承担着促进青少年体育锻炼的任务和责任，单凭双方的信任无法达到该系统的目的。学校承担着学生体育教育的主要任务，但没有社会和家庭的支持，体育教育就无法顺利进行。行政部门为学校体育提供一系列公共体育服务，包括法律、法规、政策、系统、资金、教师等软件环境，以及场地、设备等硬件环境，我们应大力支持学校采取各种体育教学措施，与家庭合作，积极组织各种形式的家庭体力活动。学校应当为学生提供相应的装备，并为学生安排好参加体力活动的时间。只有在社会、学校和家庭的共同努力下，我们才能充分发挥这一系统的功能，从而改善学生体力活动不足的现象。

（三）层次性

影响学生体育锻炼的因素具有多面性和多维度性，并且每个维度都有相互作用。一些因素直接影响学生的体育锻炼，例如学生对体力活动的认知水平、态度、价值观、能力等。一些因素起间接作用，例如学校体育政策等。还有一些其他因素也会产生影响，例如家庭、社会的支持等。

（四）动态性

青少年社会活动的社会生态系统动态性可以从社会生态因素的可变性和稳定性中看出。青少年正处于个人全面发展的黄金时期，他们需要不断调整自己的状态，来适应自己身体、心理与外部环境的变化，因此影响体育锻炼的因素也会存在动态的变化。

随着青少年对体力活动和运动技能认知水平和价值判断的不断提高，他们可以逐渐从被动参与转变为主动参与，在正确的引导下，许多学生能够逐渐发现体育锻炼带给自己的好处，从而热爱锻炼。在这种情形下，强制性政策和体育锻炼措施的主导作用将会被逐渐弱化，学生是否能够养成良好的锻炼习惯成为影响学生体力活动质量的关键。此外，青少年体力活动社会生态系统的动态特征还反映在导致系统从一种稳态转变为另一种稳态的系统性因素之间的动态变化中。例如，大多数儿童年幼时多与父母同住，放学后的体力活动主要反映在放学途中以及家庭和社区中，因此这些活动对锻炼身体起着重要作用；在青春期的后期，学生与家人在一起的时间越来越少，并且越来越多的体力活动会在学校进行。家庭与学校之间的互动发生了变化。学校和家庭都应当鼓励学生参与体力活动，家庭的作用更多地体现在对孩子参与各种体力活动的资金支持上。

（五）开放性

对于青少年的体力活动社会生态系统来说，开放性是其最基本的特征。作为有机体，当青少年处于成长阶段时，他们将永不停止与周围环境进行能量交换，以实现个人的平衡与发展。微观系统和宏观系统都是开放和复杂的系统，并且系统与外部环境之间的物料、信息和能量交换一直在进行，从而增加了系统本身的稳定性。这也是体力活动促进行为能够有效改变社会生态系统结构，并朝着提高青少年体力活动水平的方向发展的根本动力。

三、青少年体力活动社会生态系统因子分析

仅通过弄清青少年缺乏体育活动的问题机理并找出有助于其发展体育活动的因素是远远不够的，这只是分析缺乏体育活动的问题并探究问题根源的第一项工作。在分析青少年体育活动的社会生态系统后，发现影响青少年体育活动的因素既复杂又多变，不仅与个人行为有关，而且与学校、家庭、社区和整个社会环境都有密不可分的联系。

由于原因本身既有主观因素又有客观因素，其中一些是主要原因，另一些是次要原因；有一些历史原因和一些现实原因；等等，所以不同层次的分析和因素会使问题复杂化。为了更深入地了解这些因素的特征及其在青少年身体活动中的重要作用，本研究旨在简化整个系统并从个体中捕获最重要的因素。微观系统、中观系统和宏观系统考察了每个因素对青少年身体活动的影响，宏观系统主要与社会环境有关，受到社会文化因素、社会经济因素和社会其他因素的影响。从中观系统层面来看，包括系统因素和社会价值，因此，该系统主要研究家庭因素、学校因素、地区因素和媒体因素对学生产生的作用。在个体微观系统层面，主要影响因素是身体活动、自我效能感、身体知觉等。该系统本质上建立了一个社会生态系统的

多层次因子分析模型，为我们深入探讨学生的体力活动发展提供了思路。

（一）个体微观系统因子及其对青少年体力活动的影响

1. 青少年生物系统发育及其对体力活动的影响

青少年处于身体、心理发展变化的过程中，身体形态、生理机能、身体素质、心理及社会适应方面都在不断变化。

（1）形态

通常情况下，女生大约在 9～13 岁，男生大致在 11～15 岁，不管是身高还是体重都处于一个增长期。平均来看，身高每年可以增长 6～8 厘米，而体重每年可以增加 5～10 千克不等。

（2）机能

青少年脉搏、血压、肺活量及神经系统得到迅速发展。脉搏随年龄增长而逐渐减慢，18 岁后趋于平稳。血压，包括收缩压和舒张压，随着年龄增加而增加，18 岁后也趋于稳定。在成年之前，人的肺活量水平会逐渐增加，但就增长率而言，不同个体之间往往是存在差异的。这与青少年的体质有关，也在一定程度上受到锻炼量、锻炼习惯等方面的影响。

（3）身体素质

身体素质包括力量、速度、耐力、敏捷性和柔韧性。其中，力量素质的发展与肌肉的发展相适应。肌肉的发展相对较晚，但进入青春期后会快速发展。这种趋势与身体形态的变化是一致的，也就是说，男性在 12 至 15 岁之间增长最快，女性在 10 至 13 岁之间增长最快，男性在 17 岁之后趋于稳定，而女性在 15 岁之后趋于稳定，定期参加力量训练对提高力量起着非常重要的作用。速度取决于反应速度、敏感性、协调性和神经系统的肌纤维类型。

（4）运动能力

随着身体形态、生理功能和身体素质的不断发展和壮大，年轻人能够很好地学习并掌握与专业运动有关的运动技能，如跑步、跳跃、爬山和投掷等。只有具备一定的运动技能，他们才能参加比赛，充分享受运动的乐趣，并为终身运动和培养健康的生活方式打下坚实的基础。

年轻人生理系统的发展为参加各种体育活动提供了良好的基础，积极参加体育锻炼不仅可以提高身体素质，还可以掌握各种运动能力。但如果学生缺乏参与体育锻炼的意识，青少年就会错过最佳的身体生长时期，导致他们的身体素质偏低，运动能力较差，运动技能难以掌握，这将进一步影响他们的运动参与热情。

2. 青少年认知能力与社会认知发展及其对体力活动的影响

随着青少年的成长，他们与社会的接触会逐渐增多，这将会逐渐拓宽他们的视野，提升他们的认知能力。在这一过程中，青少年会逐渐形成自己独特的观察习惯和思维方式，具体表现在以下几个方面❶。

（1）思维方式。年轻人的思维方式从活泼的逻辑思维逐渐演变为理论的逻辑思维。知识水平的提高迅速发展了他们抽象思维的能力。他们开始辩证地分析问题，并通过假设检验法来解决问题。在学习和实践中，他们开始认识到普遍性与特殊性，逐渐学会归纳与推导，并尝试寻找理论与实践之间的对立统一。

（2）观察和记忆。在这个时候，青少年看待周围事物的自主意识越来越强，他们对事物的关注越来越持久，他们可以看到更多事物的细节，而不仅仅是那些使他们感到更多兴趣的方面。通过不断提高思维水平，青少年分析和总结周围事物的能力得到了增强。在记忆层，他们个人的有意识记忆逐渐开始发挥主导作用，但机械记忆仍然存在。（3）社会认知。随着青少年社会认知能力的逐步增强，他们会自觉与他人进行情感上的沟通，尝试了解和分析他人的性格特征，分析人们各种行为的本质原因。事实上，社会认知能力反映了青少年对他人思想、行为动机、个人意图分析和认识的能力，这种能力的提升不仅需要青少年广泛积累社会实践经验，还需要他们培养独立思维的习惯。

（二）家庭、社区子系统因子及其对青少年体力活动的影响

家庭是社会的基础，它是消费的基本单位和社会的生活单位，婚姻和血缘关系是家庭的纽带。孩子出生在家庭中，并在家庭中成长。毫无疑问，系统性家庭因素在儿童的发育和心理发展中起着决定性的作用，并且在儿童成长的不同阶段发挥着不同的作用。从父母的生活和教育中，孩子将会有很多收获。对于少年儿童来说，他们在家生活的时间最长，因此受

---

❶ 林崇德. 发展心理学 [M] . 北京：人民教育出版社，2009.

到家庭氛围的影响最为深远。但青年人在家生活时间的比重过大，也可能导致缺乏独立自主性，因此从某种程度上讲，不利于他们成长的。

从家庭微系统来看，其作用主要体现在家庭对社会教育的支持方面。通过相关研究发现，家庭环境对青少年的学习有着极大的影响。当家庭具有良好的体育锻炼环境时，青少年也会逐渐向热爱运动的方向发展。当家庭缺少运动环境与氛围时，青少年则会对运动抱有反感的态度。因此，在推动当代青少年体力活动发展的过程中，学校应当与学生家长做好沟通，请家长在条件许可的情况下尽量为孩子创造良好的家庭运动环境。在周末和节假日期间，多鼓励孩子走出房门，进行户外运动，帮助孩子将兴趣从打游戏、看电视转移到各种体力活动上。只有在家长的帮助下，学生才能够养成健康的生活方式，学会在各种体力活动中与其他同学交往。此外，我们也不可否认家庭经济因素对学生参与体育活动的限制。丰富的体育锻炼活动是建立在良好的家庭经济基础之上的，因此那些家庭经济条件优越的学生将获得更好的体育锻炼机会。这就需要学校和社区为学生们提供一个公平的成长环境，为青少年建设安全、舒适、丰富的运动场馆，向青少年提供免费或低费用的锻炼机会。值得注意的是，在青少年时期，学生尚未形成完善的人格，对许多事物缺乏判断能力，他们的思想会受到家庭环境的极大影响。例如，一些家庭会配备一些简单的运动器材，这就会引起学生的运动兴趣。再例如一些家长有健身的爱好，在日常生活中注意平衡膳食，孩子便会从小学会管理自己的身体状态。这些例子足以说明家庭文化氛围对引导学生养成良好体力活动习惯的作用。

（三）学校子系统因子及其对青少年体力活动的影响

学校是青少年接受教育的重要场所，为了维持教育和社会发展，学校对国家和社会负有重要的教育责任。为了在道德、知识、技能、思想等全面发展的基础上培养青少年，学校仍然负有一定的责任和义务，不仅要提供各种体育活动和物质设备，还应提供一个适宜的环境。青少年的发展，离不开学校的支持。

我国的学校体育还面临着一系列问题，学校体育场地不足、体育器材缺乏、体育教师少、考试选拔制度等因素制约着学校体育的发展❶。这项研究将从两个方面分析对学校的环境进行分析，一是硬件环境（体育设施，运动器材，体育设施等），二是学校教育的软件环境（体育教师，体育课程和课外活动，体育政策，体育价值观），并将详细说明学校的微系统因素对青少年身体活动的影响。

1. 学校体育硬件环境

影响学生参加体育活动的主要因素是学校的体育设施。体育教育的基本条件主要包括学校的体育活动场所和设施。如果没有体育设施，体育将变成"纸上谈兵"。在中国大多数城市中，学校占地面积小，学生人数多，体育场的人均面积很小。因此，学校很难进行大规模的课外活动和体育锻炼，从而限制了学生身体活动水平的提高，直接影响了学生体力活动的发展。

2. 学校体育师资力量

在学校教育中提高体育教育质量，学校环境和学校政策的实施与教师在学校体育领域的支持作用密不可分。以团队为导向的教育计划充分显示了教师在学校中的重要作用。充足的体育教师是学校开展体育教学的基础，而优质的体育教师是完成体育基本任务的重要保证。在具体的教学过程中，体育教师不仅要通过各种专业的教学技法来引导学生参与体力活动，还需要关注学生的运动心理发展，在进行运动技能教学的同时，注重培养学生的运动情感，为学生奠定良好的体力活动基础，保证学生在离开校园后依然有能力、有意识、自觉地进行体育锻炼。目前，我国各水平层次的学校在体育教学方面，依然存在许多问题。首先，单从数量上来说，无法很好地使体育教学的需求得以满足。其次，尽管近年来全国各地的基础教育师资队伍建设已经取得了一定的成绩，但教师整体素质还有待提高。随着我国教育事业的不断发展，现在的体育教育观念已经与传统观念发生了不小的变化。尤其在信息时代，学生发展需求的不断更新为体育教师提出了更高要求，他们必须适应飞速发展的社会，并不断对自己的教学

---

❶ 党挺. 体育强国进程中我国学校体育的困境与发展［J］. 西安体育学院学报，2011，28（6）：752-755.

工作进行创新。例如，在新课标的要求下，四大课程理念得到了教师们的公认，即要坚持健康第一的指导思想；激发运动兴趣，培养学生终身体育意识；以学生发展为中心，重视学生主体地位；关注个体差异与不同需求。而要实现这四大课程理念，就需要广大体育教师不断完善教学方法、改进课程设置，创新教学形式，并关注学生的个性发展。

3. 学校体育课程及课外体力活动

学生学习体力活动相关知识与技能的主要场所为学校，只有当学生在学校掌握足够的体力活动知识与技能，他们才有可能在课外积极参与各种活动。

通过研究体育课程的理论部分，学生可以初步了解运动的基础知识，他们在参与体育锻炼的过程中，能够更深入地理解体育锻炼的基本原理，并掌握提升自己身体素质的方法与技能。为了提高运动知觉和运动技能，学校体育教学在帮助学生进行科学有效的运动过程中起着重要作用；通过学习运动技能，青少年可以掌握多种运动的基础知识和许多运动特定技能，并积极参加运动比赛和锻炼，以提高他们的运动技能。因此，只有将理论学习与技术学习相结合，才能提高学校体育课程对体育教育的价值以及对学生学习的影响。

4. 学校体育政策环境

学校体育的政策倾向于校内体育有关的问题，并制定具体和有针对性的方案，旨在充分实施体育和教育政策，共同构成的教育政策在该领域发挥着重要的作用。政策的主要内容包括在学校组织体育设施的标准、制定学校体育方案、体育和课外活动的具体活动、做好教师的服务、监测和体检等工作。其中包括一套政策文件和行动方案，其形式是根据国家和地方体育教育法规和条例制定的指导方针、路线、计划、规则、命令、决定等，并提供重要的保障。根本目的在于促进学校体育事业的顺畅发展，从而实现学校体育教学目标。

学校体育政策对学生的体育参与情况有直接和间接的影响。一方面，通过实施体育政策，学校会调整教学计划与安排，为学生创造更多的体育活动空间，提供更丰富的体育器材，并通过开展多种体育活动来提升学生整体的体育素质。另一方面，体育政策反映了特定的政治、经济、文化和意识形态下的社会要求，反映了不同社会群体的价值观。体育政策的实施能够引导学生积极参与体育活动，例如为体育活动制定激励措施，将体育课的成绩与其他评优活动挂钩等。

5. 学校体育价值观

体育价值是指对体育的重要性和意义的一般性评价和一般性理解，是一套体现在核心信念、理想等方面的核心价值观。体育价值观反映了人们对体育的认知水平和一般态度，以及人们对体育的需求程度。体育的价值体现在世界观、信念和理想上，并根据运动参与者的情况有所区别。在功能上，它表现为衡量自身价值和角色的能力，衡量体育对学生身心发展的优缺点。

教师和学生都有体育价值观，并相互影响。对于学校教育者而言，推动体育价值的实现不仅仅体现在学校为学生提供基本的体育教学硬件条件，还包括体育政策的制定和实施、体育教师的管理、体育领域的课外教育、活动等多个方面。只有学校重视体育课程的建设，学生才能充分利用在学校学习的机会，全面提升自己的身体素质，并培养自己的体育学习观念。

当然，不可否认的是，社会、学校、家庭和学生自己总是把应对考试放在教育系统的首位，在这样的情形下，他们忽视了体育本身的价值，这必然导致学生在体育学习方面不足。我们认为，如果过去传统的体育价值观不改变，即使学校对体育、体育教师有足够的关注，学生对体育和体育训练的需求仍然无法满足，也就依然不能改善学生的身体素质，无法促进学生的健康成长。

（四）媒体子系统因子及其对青少年体力活动的影响

媒体指所有信息传播的基本媒介。现在对青少年影响最大的信息传播媒介主要为网络和电视。媒体对青少年价值观形成的影响是不容忽视的，因此引导青少年关注体育赛事，能够激发青少年参与体力活动的欲望。

但不可否认的是，媒体在学校教育中的广泛应用也有一定的负面影响，如使用电脑、电视和手机时间过长，会导致学生运动实践减少。但我们可以倡导学生在业余时间参与计算机的虚拟体育游戏竞赛，这样不仅满足了年轻人玩电脑游戏的欲望，又通过实际的运动增加了身体活动量，学生在家就可以和朋友一起进行体育锻炼，不需要特定的场地或体育锻炼设备。此外，通过媒体平台，学生也能够获得一些正面、健康的运动知识，从而帮助青少年形成正确的体力活动认知，促使青少年自觉参与各种锻炼活动。如果青少年长期接触各种缺乏科学依据的运动信息，可能会给自身带来错误的指导，导致运动损伤。

（五）社会生态宏观系统因子及其对青少年体力活动的影响

社会环境是对青少年体力活动的社会生态宏观系统产生影响的主要因素，主要包含制度、文化、经历、科技、价值观等。人类社会进步的标志是物质文明和精神文明同步发展，人类在取得这些成果的同一时间里，也会在一定层面上对整个自然、社会和人类产生负面的影响力。如今文明的成果日益积累，科学技术也在不断发展，这些都帮助人们生活变得更高质、更便捷。近年来，导致非传染性疾病的因素包括营养过剩、缺乏体育活动和长期静坐。其中，缺乏运动已成为当代社会影响人类健康的重要问题。物质文明的繁荣发展最终成为一把双刃剑，无论是积极的还是消极的，都是人类社会发展过程中必然会出现的现象，也是我们必须要面对的问题。当然，即便社会发展过程中存在消极因素，我们也不能完全否认社会发展的积极意义和人类文化的巨大成就。所以，在推行青少年体力活动教育的过程中，教育者必须把握好基本方向，尽量消除社会负面影响对青少年的伤害，为青少年的健康成长保驾护航。

1. 经济、科技因素对青少年体力活动水平的制约作用

经济发展显著提高了人们的生活水平，改变了饮食习惯和生活方式结构，人们普遍偏好高热量和高脂肪食品，如肉类。繁重的学习和工作任务减少了人们进行体育活动的时间。对于青少年来说，缺乏运动已成为影响他们身体健康的严重问题。同时，虽然较好经济水平对青少年身体活动产生的负面影响，但不能通过降低经济水平来增加青少年的身体活动量，只能通过健康、体育等教育来增加。

2. 制度因素对青少年体力活动水平的影响

社会制度是在特定的历史语境中建立起来的与社会关系和人们的社会行为有关的规范系统。制度规则包括对社会本身价值和群体共同意志的价值的判断。作为一个系统，个人和群体的行为可以作为一个重要的因素对价值产生一定的影响，而不仅仅是在社会环境中起到监管和调控的作用。

3. 体育文化及价值观因素对青少年体力活动的影响

物质文化、精神文化和制度文化是人类文化的组成部分，同样也对人类各种文化和行为产生了不可忽视的影响。在当代社会中，精神文化的发展是最活跃的，并对文化教育事业的发展产生了深远影响。就青少年的个人成长而言，他们参加各种体力活动的过程也是学习的过程，在重视素质教育的时代，体力活动教育能够培养学生个人意志、锻炼学生人际交往能力、培养学生团队协作意识。这些教育作用使体力活动不仅仅是体能锻炼，更成为一种综合性的素质教育。每个人都能够在体育锻炼中有所收获，正因为此，体育的作用与价值才是不可忽视的。如果从社会发展的角度来看，体育文化本身属于社会文化中最为大众的一部分，因此每位青少年都应当接受正确的体育文化教育，学校在推行体育教学时，一定要从技术与理论两个方面同时入手，在提升学生体力活动能力的同时，注重加强对学生的人文关怀。体育教学的根本目的在于帮助学生健康成长，因此体育教育绝不能等同于一般的文化课程教育。营造良好的体育文化氛围，让学生融入其中，并找到参与体力活动的乐趣，才是学校开展体育教育的基本目标。

（六）青少年体力活动社会生态系统因子综合分析

通过对以上个体微观系统因子，中观系统的学校、家庭、社区、媒体子系统因子以及宏观系统因子的分析可知，社会上许多因素都会对青少年体力活动的最终效果产生影响，且这种影响是分层次的。从整体上看，青少年体力活动的开展是建立在各种因素的相互作用基础上的，个体相关因素对青少年的活动行为往往具有主导性作用，其他环节因素则会在影响个体因素的基础上，间接影响青少年的体力活动行为。

1. 个体因子对青少年体力活动水平的决定性作用

社会认知理论（SCT）认为，行为、个体、环境三者互为因果。自我效能（Self-efficacy）理论认为，个人对自身的体力活动水平往往有较为正确的判断，这种判断是基于个体活动体验的。通过各种研究，也能够证明青少年的主观自我效能能够起到促进自身体力活动的作用。

贝克特（Becket）曾提出了健康信念模型理论，特别突出个体态度、信念对参与体力活动的影响。系统的心理因素、生理因素、社会因素，体育活动及其认知水平、价值、兴趣、参与体育活动的态度和动机、参与体育活动的质量和能力等因素，都会对青少年参加体力活动的程度产生影响。

2. 社会支持因子对青少年体力活动的促进作用

学校、家庭、社区和媒体系统会在相当程度上影响学生的体育锻炼行为。学校的校长、老师和家长都应当积极鼓励青少年参加体育锻炼，并可以通过采取切实可行的措施使青少年增加体育锻炼，在促进青少年体育锻炼中发挥积极作用。同时，学校应充分考虑年轻人的体育活动需求，特别是在体育设施、体育课程安排、体育教师队伍建设和体育文化建设方面。引导学生参加体力活动的目的是帮助学生不断发展自身的素质，如果仅仅重视活动形式，忽视了活动质量也是不可取的。为了为青少年创造良好的生活环境，社区应当建设安全的健身环境，可以聘请体育专业人员来组建健身俱乐部，为学生的课外生活增添色彩。就社会上的各种媒体而言，应当始终保持自觉意识，对发布的信息进行严格审核，为学生创造干净、健康、积极的网络环境。此外，学校和家庭应当对学生进行积极引导，帮助学生区分网络信息的质量，教会他们自觉分辨不良信息，养成良好的自学习惯。

3. 宏观系统因子对青少年体力活动水平的制约作用

由于自然资源被人类疯狂开发，自然环境不断退化，工业的发展已经对人类的生存环境构成了重大威胁。随着经济、科学技术的飞速发展，人类体育活动的空间不断被侵占，越来越多的体育活动被现代科技产品所取代，人们越来越不喜欢运动，人类体育活动水平的下降将逐渐成为人类社会发展的"副产品"。这些自然、社会中存在的消极因素正在快速发展，在便捷的科技生活方式和健康生活方式中，人类很难做出取舍。

埃蒙斯（Emmons）构建了体力活动促进社会生态学模型（SEM），详细阐述了"上行"的社会结构条件影响"下行"的体力活动行为的过程。政策因素处于模型的最远端，通过个体间因素和个体因素对体力活动行为产生影响；组织水平因素受到组织内外物理和社会环境的影响，对体力活动起着直接和间接的作用。兰吉尔在 Emmons 的理论基础上，以实证方式探索分析了 SEM 中外层的政策变量能够通过组织水平因素对学生的体力活动产生影响，关键在于如何实施政策。

4. 青少年体力活动社会生态系统因子层次关系

通过对上文中分析的子系统中存在的影响因子进行分析能够发现，对青少年体力活动发展产生影响的因素具有多层次的特点。每一层次之间又存在着一定的相互关系。正是在这样的相互作用下，才形成了一个庞大的结构。为了使多层次、多因子之间的联系及层次性得以更清晰地描述，该研究使用由日本管理大师石川馨先生所制作的鱼骨图，较为详细地展示了制约青少年体力活动水平提升的各层次因子及因子之间的关系（如图5-1-2）。

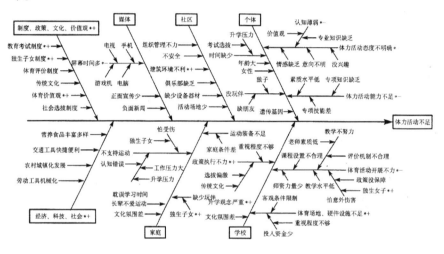

图 5-1-2　青少年体力活动不足影响因素鱼骨图

该图整体上呈现为一个鱼骨状，其中，"鱼头"部分主要表现青少年体力活动能力不足的部分，而7个层次相关的因素则由"大骨"部分来呈现。7个"大骨"分别为个体，社区，家庭，媒体，学校，制度，政策，文化及其价值观，经济、科技及社会。每根大骨上面都有许多根"小骨"，代表影响青少年体力活动的低层次因素。

具体来讲，个体层面主要包括三方面。（1）青少年参加体力活动的态度不明确。造成这一问题的主要原因是，青少年群体尚未对体力活动的价值产生深刻认识。此外，对于绝大多数普通学生来说，他们在学校接触到的仅仅是普通的体力活动教育，在专业技能方面掌握甚少，因此他们无法对体力活动形成深刻认识，也缺乏参与各种专业体力活动的良好体验，因此在认知方面存在偏差。如果能够让青少年获得良好的体力活动参与体验，那么他们中绝大多数人都会对体育产生兴趣，一改以往对体力活动的消极看法。（2）体力活动能力不足。目前，大多数青少年长期对体力活动缺乏兴趣，因此普遍存在运动技能掌握不足的问题，这也限制了他们参与各种体力活动的动机，自然无法获得良好的活动体验。（3）升学压力大。在中考、高考的压力下，一些学生会感到力不从心，自然没有多余的时间参与体力活动。

学校方面的因素主要有：（1）学校在开展体力活动教育工作中，缺乏组织性，课堂教育整体水平偏低，课程设置不合理，教师对学生的评价机制尚待改善。（2）学校体育教学的硬件设施配置不足，场地面积较少，缺乏资金及时更新教学设施。（3）政策执行不力。之所以存在这些因素，相当程度上是受到了学校传统升学观念的影响。对一所学校而言，各级领导、教师最关注的永远是学校的升学率，因此在体力活动教育方面必然不会有过多兴趣。尽管现在学校教育中的体育课时有着严格要求，但体育课的教学质量依然参差不齐，学校的体育文化氛围尚未形成，这些问题都导致了青少年体力活动教育发展的滞后。

家庭方面的因素主要有：（1）学生参加课外体力活动需要家庭的支持。尤其是一些比较剧烈的体力活动，一些父母由于担心孩子在活动中受伤，因此不支持学生参加。此外，大多数家庭都将培养孩子的重心放在提高学习成绩上，并不希望体力消耗成为孩子的负担。这也是导致青少年体力活动量得不到有效提升的重要因素。（2）长辈不爱运动。家庭成员对运动的态度也会影响学生对运动的认识。那些运动意愿较高的父母会在周末、节假日期间带领孩子一起参与体育休闲活动。而对运动活动不感兴趣的父母可能更愿意跟孩子待在家里，看电视、阅读。这也是影响青少年业余运动量的因素之一。

随着媒体技术的不断发展，青少年每天面对荧屏的时间也越来越长，手机、电脑已成为青少年生活中不可缺少的事物，对这些事物的依赖严重影响学生的体育锻炼。此外，复杂的网络文化也会对青少年的思想情感产生影响，导致他们对体力活动产生错误认知，这些因素都应当尽量避免。

青少年可以直接接触的环境系统主要由学校、家庭、社区和媒体系统共同组成，这里面的个别因素会以直接推动或阻碍的方式作用于青少年体力活动，然而有些因素影响青少年的个体生理、心理、能力等方面，从而以间接的方式影响到青少年体力活动。人为因素对青少年的影响最为深刻。特别是对于那些年纪偏小的学生来说，教师、家长是他们最信任的人，也是他们学习的对象。只有教师和家长支持他们积极参与各种体力活动，他们才会认真感受体力活动带给他们的快乐。这种支持既可以是物质上的支持，也可以是精神上的支持。从社会层面来看，社区的体育锻炼场馆建设是保障青少年参与体力活动的重要物质基础，积极的社会体育文化也是青少年参与体力活动的有力推手。通过学校、家庭、社区等个体间因素和个体因素对体力活动行为产生影响，组织、社区层面因素受到组织内外物理和社会环境的影响，对体力活动起着直接和间接的作用。青少年身体活动的环境干预是与社区、家庭和学校等众多不同环境互动的过程。

第二节　我国青少年体力活动促进的社会生态系统模式构建

　　青少年体力活动的社会生态系统中包含的因子本身具有多层次、多元化的特点，且各个因子在相互发生作用的过程中，也会对自身造成影响，这些因子对青少年体力活动促进及对其管理过程的提升起到了决定性作用。个体层次因子（包括态度、动机和自我效能等）对于青少年的体力活动水平起决定性作用，但个体层次因子自身的水平和所起的作用对个体之间因子的支持以及软硬件环境所给予的支持有着极为强烈的依赖，作为组织和社会层因子，不但能够直接影响到个体参与体力活动的行为，而且可以通过人际关系层次因子，提高家庭、社会对青少年体力活动的支持水平。

　　面对青少年体力活动促进社会生态系统问题，目前我国教育行政管理机构的管理存在一些局限性，主要表现为：（1）现有的管理组织模式为层级制，管理效率低，缺乏广泛性和多样性，已经无法满足当代青少年体育活动管理的需要；（2）就教育行政管理部门而言，目前的管理方法仍有极大的改善空间，且缺乏对青少年体力活动项目的开发与创新；（3）良好的社会环境是推进青少年体力活动促进工作的基础，目前的社会环境情况有待改善。

一、青少年体力活动促进社会生态系统模式构建依据

（一）模式、管理模式与社会生态系统模式

在当代管理理论研究中，学者们普遍认为对管理模式的研究应当以面向实际应用为目标。管理模式的发展本身具有时代性、方法性、操作性、稳定性与普遍性的特征。从原理上看，管理模式的构建是建立在特定的管理理念基础上，并由管理方法、管理制度、管理工具、管理程序等方面构成。

麦克莱罗伊（McLeroy），比博（Bibeau），斯特克勒（Steckler）等（1988）的研究指出，生态学模型主要通过五个水平影响个体健康促进干预：个体水平、人际水平、机构水平、社区水平、公共政策。个体水平是该模型最近端水平，公共政策是该模型的最远端水平。个体水平包括与被试相关的变量，如自我效能、信念、动机、乐趣等；人际水平更关注社会、整体对目标项目的支持；组织机构水平关注组织结构及组织行为。例如学校作为一种教育机构，必然会示范关注学校内部的组织结构及教学管理行为。任何一种组织都会受到内部与外部的双重影响；社区水平关注的是与该社区紧密相关的人群，以及社区与其他社会组织之间的关系。该研究试图通过构建体力活动促进社会生态系统模式来改善全社会青少年体力活动现状。在这一构建过程中，对目前已经存在的相关研究成果进行了借鉴，并将体力活动促进管理模式纳入其中，使管理流程更具可操作性。

（二）社会生态系统与青少年体力活动促进

通过对社会生态系统相关理论进行分析，能够找到当代青少年缺乏体力活动的根本原因。正是在该理论的支持下，我们才能对青少年体力活动相关的社会生态系统因子进行分析，并对由这些因子影响而产生的结果进行解释。

通过研究发现，在整个社会生态系统中，个体微观因子、中观因子与

宏观因子之间始终存在着相互作用。而影响青少年体力活动参与水平的因子主要为个体微观因子。社区、家庭、学校等，对青少年支持程度属于中观因子。中观因子对学生产生直接或间接的作用。通过建立社会生态系统并进行各层次因子的分析，能够为研究青少年体力活动相关项目提供科学的理论依据和真实的数据支持。

这里提到的"体力活动促进"本质上是指对社会上存在的青少年体力活动生态系统进行管理，并在具体的实践中对该生态系统进行不断完善。我国行政管理大多为直接命令式的组织方式，这种管理方式的优势在于，能够使管理部门在推动项目发展的过程中始终发挥主导作用，从而保证管理效率。

（三）青少年体力活动社会生态系统管理

所谓"青少年体力活动社会生态系统管理"本质上是以相关社会生态因素为管理目标进行的活动。在具体的管理过程中，需要特别注意发挥各个部门的作用，使多个部门形成合力。随着社会的多元发展，管理主体与客体都展现出日趋多元化的基本特色，为了提高管理效率，管理组织也应当不断调整其结构与运作模式，根据需要创新管理机制，为促进当代青少年体力活动奠定坚实基础。

1. 管理组织

青少年体力活动促进对提升我国青少年整体身体素质有着十分重要的作用，通过一系列促进活动，能够帮助青少年培养积极的运动观念，促进青少年改善自己的体力活动水平。在这个过程中，体育教育主管部门必须要发挥统领全局的作用，通过各种行政手段来推动青少年体力活动发展。事实上，在这一过程中，管理者必须对各个利益群体进行深入分析，找到它们的利益冲突点，并将其作为需要解决的核心问题进行研究。此外，在推行相关项目落实的过程中，一定要注意提高工作效率，注重实践的多样化。无论怎样，青少年的体力活动促进都是一项十分复杂的大工程，单靠一方的力量是无法完成的。负责教育行政方面的主管部门，必须要做好各方的统筹协调工作。与此同时，主管部门还要以身作则，提升社会各方对青少年体力活动促进的关注度，在督促学校落实相关政策的同时，也要积极调动社会各界力量来对学校教育力量进行补充，为青少年营造一个良好的体力活动环境。作为管理方面的领导主体，主管部门应该组织调动尽可能多的社会资源，把青少年的营养、健康、卫生、体育作为研究的对象，从而为青少年体力活动促进项目进行有针对性的设计开发，建立学校、家庭、社区和媒体的协调机制，召集相关领域专家、学者和社会公益机构，协同开展此项工作。

就体育活动促进的一般概念而言，其本质属于一种社会行为的管理活动。而要推进这种活动，就必须制定学校的管理制度，制定促进青少年体育活动的战略和方针，探索和发展促进体育活动的科学、有效的项目，以及作出相应的前景规划。

项目负责人、组织者和发起人是组织和管理小组的主要成员，也是青少年体力活动项目的发起人和执行者。施行管理过程中的客体是青少年以及与青少年利益相关联的人，主要包含学校里的教师、行政部门的相关职员、学生家长，还包括组织过程中涉及的其他资源及其组织拓展过程中对活动产生作用的人、物、财、信息等。

因此，青少年体育活动的组织形式具有静态结构，表现为一种不同绩效和责任水平下的人群聚集体系，以及一系列以项目管理形式进行的组织管理活动。包括组织设计、适当的权力下放、人力资源管理和组织文化管理等内容，从根本上看，其组织的基本目标是实现组织变革和优化组织职能。体力活动项目管理过程包括一系列的诊断、评价、实施、反馈、控制相互联系的过程，并以青少年体力活动实际水平的变化为基本检验参照。

2. 管理主体与客体

组织管理的主体是管理活动的出发者、执行者[1]，在促进青少年体力活动发展的过程中，参与活动管理方面的主体主要为各个级别教育部分负责体育行政机构的负责人、学校校长，他们在对于青少年体力活动促进工作目标的督促方面作为重要带领人而存在。

管理活动的直接作用对象为管理的客体。要全面提升青少年体力活动水平，就必须兼顾影响青少年体力活动的所有因素。从这一角度来看，体力活动促进管理的客体具有多维度、多元性的基本特点。

---

[1]　芮明杰. 管理学：现代的观点 [M]. 上海：上海人民出版社，1999.

3. 管理项目内容

对于青少年体力活动的发展而言，必然会受到诸多方面的影响，这就要求管理项目必须多样化，否则无法带动体力活动中各方因素的发展。针对体力活动在组织管理制度和政策方面，要构建一个完整的与青少年体力活动相关的管理组织体系、政策制度体系和评价监测体系等一系列与项目管理相关的保障体系；针对组织社区方面，青少年体力活动促进的关键之处在于学校，因此在项目设计上要紧紧围绕青少年体力活动环境、学校体育教学、课间和课外体育锻炼、营养膳食与卫生等内容展开，建立学校体育与健康促进项目。

4. 管理组织架构

由于主题和管理对象的多样性，鼓励工作的体育活动系统很复杂。当然，太过扁平化的组织结构是无法满足日益发展的多元组织管理需要的，因此最佳方案是选择混合的矩阵制组织结构进行管理。这种混合的矩阵制组织结构具有两方面优势。一是职能结构表现为直线型，上层领导能够对中层、下层人员进行高效的管理。这样的结构设置简单，责任划分清晰，能够最大限度提升沟通效率，便于各种资源的管理与配置。二是管理工作的项目化。这样的特点能够最大化资源利用率，在短时间内集中相关专业的专家，形成合力，提高项目推行效率。其组织结构框架如图 5-2-1 所示。

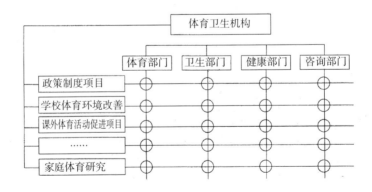

图 5-2-1　青少年体力活动促进管理矩阵制组织结构

直线型组织结构是我国学校体育管理的基本组织结构，各级单位从上到下实行垂直领导，下属部门只接受一个上级的指令，各级主管部门负责人对所属单位的一切相关问题负责。这种组织结构简单，职责明确，指挥统一。例如，从国家到地方，我国都有特定的教育管理部门，各部门的负责人组成了线性的指挥系统；各级主要部门，下属职能部门负责人和体育锻炼促进项目负责人具有决策、指挥和执行权，各垂直部门分别负责体育、健康和成绩管理。

通常情况下，横向项目团队的工作重点应当放在对具体问题的研究上，而纵向行政部门的工作重点应当放在对整个团队的工作进行协调上。只有横向与纵向管理相结合，才能为项目团队营造一个高效的、有保障的工作环境，为各个阶段工作的顺利展开奠定基础。

5. 管理组织系统中各要素及职责

从纵向管理层面来看，青少年体力活动生态管理系统中的主要管理元素为省、市、县级体育行政部门及下设的职能部门，以及所管辖的各级学校。而从横向管理层面来看，则包括体力活动促进各种项目管理的负责人及团队，其团队成员主要为体育教师、相关专业的专家学者等。在具体的工作中，纵向管理层的工作者主要负责战略规范和规章制度的制订、各种资源的组织与配置、各种问题的处理和各种子项目的协调等工作。而具体的学术研究、讨论、实施等工作则主要由横向管理层负责。横向项目管理会依照行政部门所使用的统一规划，来一步步地开展与体力活动管理项目相关的实验，主要包含体育课程改革项目、健康促进学校设计与评级、课外体力活动项目等。因为各个项目在进行总体设计过程中常常会牵涉到体育、卫生和健康，这就要求纵向管理部门必须根据横向管理部门提出的需求进行配合，为横向管理部门相关工作的开展清除障碍。

6. 管理组织系统运行机制

随着素质教育理念的深入人心，学校的体育课程的教学目标被定义为健康教育、体能训练与运动技术的结合。因此，在学校教育中突出"健康第一"的原则是十分必要的。但不可否认的是，线性组织要素的工作具有独立性特征。水平项目管理组织的设计平衡得到了管理者的重点关注，这在一定程度上限制了体育教育与健康教育的统一，导致学校体育教育与健康教育之间的隔离和孤立，从而违反了促进学生体育锻炼的系统性和完整性的原则。垂直管理体系更注重将学生体育锻炼推广计划交给上级项目管理部门，为体育锻炼项目进行详细设计。在实施过程中，各级管理部门应全力配合，充分发挥管理职能，正常推进各项工作顺利开展，有力地支持项目管理。

（四）相关理论与方法依据

社会生态系统的理论和方法，管理的理论和方法以及健康促进的理论构成了该模型的理论基础。

1. 社会生态系统理论与方法依据

促进青少年体育锻炼是基于社会生态系统的理论和观点，全面考虑了系统的多维、多层和动态发展特征，从以下方面诊断和分析了影响年轻人体育锻炼的因素和相互作用：个体的微观系统、中观系统和宏观系统，并研究了青少年缺乏体育活动的主要原因和次要原因，确定了社会生态系统不同层次上干预的优先对象和因素，系统分析了与促进体育锻炼有关的问题和需求，并实施了某些设计开发和相关的综合干预项目，以实现促进青少年体育锻炼的最终目标。

2. 管理理论与方法依据

体力活动促进是一项复杂的管理活动。在当前中国的基本教育环境下，体力活动促进是一种通过计划、组织、领导和控制环节来协调组织资源，以达到促进青少年体力活动目标的活动。它由一系列的管理制度和政策、管理组织、管理流程、管理的方法和技术元素构成，涉及不同的管理主体和管理客体。

3. 健康促进理论与方法依据

促进体育锻炼不仅是提高青少年健康水平的最重要手段，而且是促进青少年健康发展的重要内容。可以将不同层次的健康促进理论和方法应用于身体活动的促进过程中，诸如个人行为理论、人际交往行为理论以及群体和社区健康促进理论等。

（五）我国教育背景及青少年生长发育特征

大多数青少年都处于接受教育阶段。在当前的教育环境中，我们应充分考虑中国在促进体育锻炼方面的现状，在发展这一模式时，一方面有一些方法可以服从中国教育的法律、制度、文化和原则；另一方面，对于阻碍青少年健康发展的教育系统部分，我们应该敢于谈论任何不利于促进青少年体育锻炼的教育因素。

青少年体力活动的社会生态系统也是随着社会的发展变化而不断变化的，且对于不同年龄阶段的青少年而言有着不同的影响。因此，管理者在对青少年体力活动进行设计时，必须要充分考虑到不同年龄阶段学生的身体素质、认知水平、接受能力等多方面问题，有针对性地引导学生参与各种运动，否则将会对学生的体育学习造成过大压力。

二、青少年体力活动促进社会生态系统模式构建原则

青少年体力活动促进能够对全社会产生影响，并促进积极、健康的社会体育文化的形成。在这一过程中，各种因素都应当得到足够的重视，并且需要始终采取一种全面的、整体的眼光来看待问题。

（一）机会均等性原则

促进模式旨在针对整个青年群体推行教育，并且该群体中的每个人都有平等的机会享受资源和权利；促进战略规划的实施，以确保考虑到最不可能接受干预的人群。

（二）多方参与性原则

青少年的个体发展具有极强的个性，这就导致不同的个体对体力活动的认知、看法存在差异。因此在体力活动促进过程中，也需要兼顾多方的需求。作为促进过程中的管理者，不论是进行促进项目的设计，还是进入到促进项目的落地实施层面，它们都要把与青少年各种利益相关的群体看作是伙伴，使用政策制定，对各方利益关系进行协调，对社会资源进行优化，进而凸显促进项目实施的效果，特别是要动员相关领域专家参与其中，提高促进项目的科学性和有效性。

（三）促进项目多元性原则

促进体育活动是对青少年体育活动社会环境的综合管理。它不仅改善

了微系统中体力活动行为的社会、生理和心理因素，而且还为年轻人提供了有利的成长环境和学习机会。这就是为什么在青少年体力活动促进项目的设计中，不仅是年轻人，还有学校和学校之外的个体家庭、社区、媒体，都对这一项目抱有极大的兴趣。

（四）体质健康取向性原则

促进青少年体育锻炼的主要目的是引导他们发展稳定的运动生活。在设计项目、开展各种活动时应充分考虑青少年健康水平的发展规律。体育锻炼的开展与心理健康、社会适应性、饮食与健康、体育竞赛等密切相关。在体育锻炼的过程中，我们需要结合与青少年健康有关的其他相关因素，以便更有效地促进青少年身体健康。

三、青少年体力活动促进社会生态系统模式

与青少年体育活动的社会生态系统有关的因素有很多，例如管理组织的设计、组织结构、管理对象、对管理运动机制的讨论等，这些因素为建立模型的过程提供了很好的参考。国家层面以及社会生态系统的理论也是在健康促进理论和建设原则的基础上发展起来的。同时，正式建立促进青少年体育锻炼的社会体系模型，能够为实施管理实践、促进青少年体育锻炼提供广阔的空间。

（一）青少年体力活动促进社会生态系统模式构建

单因素干预不能有效地实现促进青少年身体活动的目标。只有开展大型物理干预工程，才能优化生态系统因素和青少年体育活动的因素结构，从根本上改善环境，提高青少年积极性，提高体育活动能力，鼓励青少年逐步形成体育生活方式。

建立有效、全面的体育活动来促进体育运动，给体育管理服务和学校带来了更大的挑战。第一，作为一个管理组织，它应该能够设计和开发项目。第二，组织要有强大的组织能力。在项目实施过程中，他可以进行组织诊断、监测、评估和控制的后续工作。一方面，行政部门要逐步完善组织结构和制度，提高组织能力；另一方面，优化组织管理流程，提高体育

活动项目的管理效率，增加体育活动的影响力，促进项目实施。❶

在此背景下，促进青少年体育锻炼的外部性尤其体现在组织诊断、扁平化管理、控制和监测的一体化管理过程，以及内部职能层面，特别是在系列项目以促进体育活动为支撑、改善青少年体育活动环境因素的社会结构方面，进一步提高青少年体育活动，从外到内发展组织管理以及项目作为青年活动的介入重点，以促进社会生态系统模式，系统结构如下图5-2-2所示。

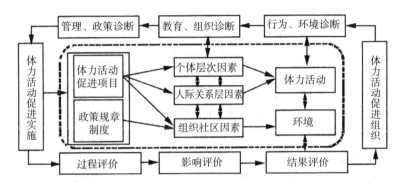

图5-2-2　我国青少年体力活动促进社会生态系统模式

（二）青少年体力活动促进社会生态系统模式运作流程

从图5-2-2可以看出，促进青少年体育活动的重点是青少年体育活动生态系统结构的因素，综合支持项目，改善体育活动的生态环境，促进体育活动的改善。外部组织的过程分为六个管理活动，构成一个循环的组织过程。❷

首先，它是促进青少年体育锻炼建设和发展的重要组成部分，也是该模型运作的重要保证，不仅关系到体育锻炼的实施，而且在整个推广过程中，不断改进自身的结构和功能，创新组织模式，提高项目管理能力；其次，组织通过六个逐步的管理过程来增加身体活动，为了实现项目管理的

---

❶　陈佩杰，翁锡全，林文弢. 体力活动促进型的建成环境研究：多学科、跨部门的共同行动 [J]. 体育与科学，2014（1）.

❷　程洪玲，刘泽林. 高等院校参与社区体育文化建设研究 [J]. 北京体育大学学报，2012（5）.

进步，该过程如下。

过程1，教育、组织诊断，主要确定影响青少年体力活动的个体层、人际关系层以及组织社区层因素及水平，这些因素共同决定了体力活动行为和环境问题。个体因素是体育活动中的高峰因素，主要包括与体育活动相关的知识、动机、态度、信念和能力。人际关系的因素主要是父母、老师、同学和朋友的支持。这些因素直接或间接影响年轻人积极参与体育锻炼。社区中的组织因素为改善人际关系方面的因素创造了必要条件。

过程2，管理、政策诊断主要包括：（1）针对政策和规章制度所进行的诊断，保证组织和实施项目的过程中可以有一套固定的规则和标准，用来作为组织开展管理活动的有力指导和保障；（2）组织诊断，对于组织协调人力、物力和财力以及社会关系的能力进行评价。

过程3，过程评价，主要目的是在项目实施过程中监视项目的实施、组织变化和完成情况，及时发现项目实施过程中的问题及其根源，并加以解决。

过程4，影响评价，将评估相关因素和组织效果，特别是对整个项目在各个层面的实现。一方面，可以从个人的角度检查与体育活动有关的认知、动机、态度和运动技能是否可以得到改善，以及体育活动的行为是否已经发展；在人际关系方面，评估社会支持是否因此得到改善；在地方层面，评估学校、家庭和社区活动、体育、校外体育活动和体育设备的物理环境。另一方面，项目的实现对组织本身也有一定的影响。影响分析使评估组织资源的程度和支持项目实施的能力成为可能。通过不断地组织创新、组织变革和制度结构，我们可以提高组织体育活动的质量。

过程5，结果评价。良好的体育锻炼促进项目的最终目标是提高青少年的体育锻炼水平并保持其良好的生活习惯，但是要实现此目标，需要进行一些组织上的改变。无论项目是在实施过程中还是在结束时，组织管理的主题和对象都受到直接或间接的影响，对学校、家庭、社区、媒体和其他利益集团的意识也在提高，转化为实际措施，积极寻找促进年轻人体育锻炼的方法，并采取许多措施来实现组织创新和逐步过渡。所谓的成果评估是一项全面的评估，旨在确定是否对开始时设定的目标进行了全面评估，重点是年轻人的体育活动行为的变化、组织体育活动的能力、体育活动环境的改善、创新与组织者的变革。同时，在体育活动过程中进行的结构评价也将成为促进下一阶段体育活动的基础。

（三）青少年体力活动促进社会生态系统模式特点

1. 管理主题多层次性、松散性

青少年体育活动促使组织管理从垂直向体现行政层次。中国体育教育的行政部分主要分为国家级、省级、地方级和区域级。学校不仅是直接管理的目标，也是组织的主体建设。学校管理也有特定的层次。下一级管理主题应由上级领导负责制定，并由上级领导监督管理。但是，由于体育活动推广项目的复杂性和多样性，政府部门和学校有时没有能力设计和开发有效的推广项目，因此实施政策和项目可能缺乏技术建议，需要吸引各行各业的专家参与和管理。

2. 管理客体多样性

促进体育锻炼的最终目标是提高青少年的体育锻炼水平，但是在此过程中，必须通过许多中间目标来实现，例如改善多层次、多样化的学校、家庭和社区体育环境组织，过程中管理对象的复杂性，不仅包括人员、财务、材料，而且还包括时间和信息资源以及体育活动，促进组织本身已成为管理的主题。

3. 组织阶段变化性

根据组织发展阶段理论，创新组织应该经历一个阶段性的过程。为了促进创新的发展和成熟，一个新的阶段都可以制定相应的策略。作为计划变革理论的创立者——库尔特卢因（Lewin），他反复指出对于组织改变发生产生阻碍的因素，并制定了克服阻碍的机制，也就是"组织变革过程模型"，组织变革需要经过"解冻-变革-解冻"三阶段变化，分别是：（1）对旧的行为和态度进行解冻；（2）通过接触新的信息、态度和理论而变革；（3）通过对改变的强化、巩固和支持进行"重新冻结"。促进工作的主要目的是改变有关主题和对象对年轻人身体活动的原始理解和态度。在具体措施上，我们可以运用政治和制度等行政手段不断影响体育活动和健康，对组织进行体育教育，有利于建立体育意识的体育理论和方法。通过支持手段、资源和技术逐步转变学校、家庭、社区和行政部门的成员，并通过评估、奖惩、激励等机制的支持，不断巩固和加强体育锻炼的促进措施。

四、青少年体力活动促进社会生态系统模式实施的关键要素

青少年体力活动促进社会生态系统模式（APAP-SEM）的提出为青少年体力活动促进的组织、管理、项目设计、开发与实施提供了蓝图，模式的成功应用依赖于以下几个重要元素。

（一）体力活动促进组织的架构是前提

为了促进青少年的体育活动，我们需要首先组成一个专业的组织团队，并通过计划、组织、人力资源管理、领导、控制等管理活动，在组织结构、矩阵中实现管理目标。结构由垂直线性领导和水平项目管理组成，团队成员由相关领域的不同部门和专家团队组成。

（二）体力活动促进制度、政策是保障

为了促进体育锻炼，需要制定一系列的措施和制度。在制度和政策方面，几个组织在同一层次上，对开展项目所需的资源，如人员、资金、材料等都有要求。

（三）体力活动促进项目是关键

就青少年体力活动促进而言，其本质是通过一系列管理活动来引导青少年参加体力活动，并对这一过程进行管理。因此，要提升组织管理的效率，改善服务，就必须对青少年体力活动水平进行科学的分析，从而提出具有可行性的改善方案。APAP-SEM虽然没有提供促进项目的理论依据，但该理论的构建框架却是具有综合性的特征，在平衡各个因素之间的关系方面具有积极作用，因此能够对项目运行过程中各个部分的工作都提供必要保障。

（四）组织变化是灵魂

在促进青少年体育锻炼的系统工程中，我们必须构建起基本的组织结构，只有在结构完整的组织中，一切制度和规则才能真正发挥作用。各种

层次因素和环境诊断、评估、干预、控制的多层次组织过程模型重新评估有助于提高组织能力，提升组织工作效率，为我国广大青少年创造优质的体育学习环境，提高青少年的体育活动能力。

五、青少年体力活动干预的未来研究展望

锻炼对于身体健康和保持积极的心态起着重要作用，许多政府将体育运动视为中小学综合教育的重要组成部分。它们要求教师丰富课程，相关部门完善法律法规，并通过多种渠道鼓励青少年的生活方式，从而为健康生活打下坚实的基础。为了增加大众的体力活动水平，通过减少久坐行为来改善健康和预防疾病，从而减轻医疗负担和提高人们的生活质量，体力活动干预的有效性和推进策略就变得尤为重要，未来体力活动的研究重点更强调跨学科的协同领域，主要从观察研究、试验、行为干预理论、干预方法等四个层面来进行，具体的研究缺口如下[1]：

1. 观察研究

（1）对于健康而言，久坐行为与体力活动之间最佳的平衡点在哪里？

（2）对于每天坐 8～10 小时的人来说，需要进行多少体力活动才能减少久坐带来的健康损害？

（3）久坐时间的积累方式与重大疾病重点事件是否有关？

（4）通过活动检测器或个人报告等方式的测量，个体久坐行为或活动有关的疾病或死亡率如何？

2. 试验研究

（1）打断久坐行为多长时间能有健康获益？

（2）久坐行为还有哪些生理机制层面的影响？如自主神经系统、肌肉、骨骼、心血管、循环系统、血液动力学、炎症、认知过程等。

（3）代谢变化是否进行了长期研究观察（即超出一个或两个连续日以上的观察）？

---

[1] KEADLE, SK, CONROY DE, BUMAN MP, DUNSTAN DW, MATTHEWS CE. Targeting Reductions in Sitting Time to Increase Physical Activity and Improve Health. Med. Sci. Sports Exerc, 2017, 49 (8): 1572 - 1582.

3. 行为决定因素与理论

（1）可以解释人们久坐行为原因的行为理论，是否也能解释他们何时、为什么久坐，进而用于提高干预措施的有效性？

（2）什么样的提前暗示会增加久坐行为的可能性？对这些暗示如何进行修正？

（3）哪些竞争行为最易于修改以减少人们久坐不动的行为？

（4）什么样的自动过程（除了习惯）能起到调节久坐不动行为的作用？

4. 行为改变干预

（1）什么样的行为改变的技术能从最小的微观层面优化久坐行为的改变？

（2）长期的（至少是6个月）减少或打断久坐行为的干预是否对心脏疾病影响因素有影响？

（3）如何有效地自动激励过程，以减少久坐时间或改变久坐行为的模式？

参考文献

［1］庞海英.青少年学生综合运动处方的制定与应用研究［D］.合肥：安徽医科大学，2009.

［2］彭丽.几种不同减肥方法及其效果评价［J］.体育学刊，2001，8（2）：44-45.

［3］平杰，肖毅，周成林，等.基于物联网的科学健身指导模型的构建与验证［J］.上海体育学院学报，2015，39（6）：16-19.

［4］齐晓.镇江市青少年体力活动与体质关系研究［D］.南京：南京师范大学，2014.

［5］屈晓春.西安市不同体育课外活动对学生体质影响因素的研究［D］.西安：西安体育学院，2012.

［6］曲绵域，于长隆.实用运动医学4版［M］.北京：北京大学医学出版社，2003：226-229.

［7］邱晋军，董艳.学校与社会环境对学生体育锻炼习惯形成的影响研究［J］.宜春学院学报，2007，29（2）：172-174.

［8］阙敏，陶芳标，许韶君，等.儿童青少年体质指数与心肺功能关系［J］.中国公共卫生，2007（2）：155-157.

［9］司琦，苏传令，Kim Jeongsu，等.青少年校内闲暇时间身体活动影响因素研究［J］.首都体育学院学报，2015，27（4）：341-345.

［10］苏传令.社会生态学模型与青少年体力活动关系的研究综述［J］.浙江体育科学，2012，34（2）：94-98，124.

［11］孙玲.健康管理对高血压患者行为方式的影响分析［J］.当代医学，2015（19）：106-107.

［12］孙铭珠.论影响青少年学生参与体育活动的社会因素及其应对策略［J］.青少年体育，2014（7）：114-115.

［13］孙倩莱，刘爱忠，邱英鹏，等．初一学生缺乏体力活动行为及其影响因素［J］．中国医药指南，2011，9（16）：222-224.

［14］邵连杰．河南省中学生体质健康状况的影响因素及对策［D］．郑州：河南大学，2008.

［15］尚博睿．父母权威问卷在健康领域的应用［D］．武汉：武汉体育学院，2015.

［16］沈冬冬，陈德志．影响广州市学生体质健康发展因素的调查研究［J］．军事体育进修学院学报，2011，30（3）：118-120.

［17］阿拉木图宣言［R］．阿拉木图：国际初级卫生保健会议，1978.

［18］阿斯亚阿西木，刘艳，何志凡．成都市中小学生日常生活身体活动情况［J］．中国学校卫生，2013（6）．

［19］曹可强．青少年体力活动方案与评价［M］．上海：学林出版社，2016.

［20］陈培友，孙庆祝．青少年体力活动促进的社会生态学模式构建——基于江苏省中小学生的调查［J］．上海体育学院学报，2014（9）．

［21］陈佩杰，翁锡全，林文弢．体力活动促进型的建成环境研究：多学科、跨部门的共同行动［J］．体育与科学，2014（1）．

［22］陈思同，刘阳，唐炎，等．对我国体育素养概念的理解——基于对 Physical literacy 的解读［J］．体育科学，2017（6）．

［23］陈思同，刘阳．加拿大体育素养测评研究及启示［J］．体育科学，2016（3）．

［24］陈亚军，香生．双标水技术在能量代谢评定中的应用［J］．中国运动医学杂志，2005（1）．

［25］程洪玲，刘泽林．高等院校参与社区体育文化建设研究［J］．北京体育大学学报，2012（5）．

［26］程艺，李雪，庄洁，等．成都市城区青少年日常体力活动的行为模式及体能状况调查［J］．成都体育学院学报，2014（4）．

［27］储文杰，王志勇，周海茸，等．儿童青少年体力活动量表的信度和效度分析［J］．中华疾病控制杂志，2014（11）．

［28］丹豫晋，刘映海，苏连勇．自闭症幼儿体育干预之行动研究

［J］．北京体育大学学报，2007（11）．

　　［29］贾小芳，王惠君，王丹彤，等．中国12省市儿童青少年身体活动和静坐行为分析［J］．卫生研究，2016（3）．

　　［30］江小小．中国城市儿童青少年闲暇静态行为研究［D］．上海：复旦大学，2014．

　　［31］李海燕，陈佩杰，庄洁．上海市青少年体力活动现状与体质健康相关性研究［J］．上海预防医学，2011（4）．

　　［32］李海燕，陈佩杰，庄洁．运动传感器（SWA）在测量青少年日常体力活动水平中的应用［J］．上海体育学院学报，2010（3）．

　　［33］李海燕．上海市青少年日常体力活动测量方法的研究与应用［D］．上海：上海体育学院，2010．

　　［34］李红娟，李新，王艳，等．北京市某初中1-2年级学生在校身体活动水平定量评估［J］．卫生研究，2013（4）．

　　［35］李红娟，王正珍，罗曦娟．美国青少年体质测定系统的演进［J］．北京体育大学学报，2013（10）．

　　［36］李红娟．美国青少年体质研究趋势——体质测定到体力活动促进［J］．北京体育大学学报，2015（8）．

　　［37］李建桥，吴瑞，刘琴，等．影响中国青少年亚健康相关因素的系统评价［J］．中国循证医学杂志，2013（3）．

　　［38］李鲁．社区预防医学［M］．北京：人民卫生出版社，2008．

　　［39］李培红，王梅．中国儿童青少年身体活动现状及相关影响因素［J］．中国学校卫生，2016（6）．

　　［40］李文川．身体活动干预的时间成本——效果分析研究评述［J］．天津体育学院学报，2014（2）．

　　［41］李新，王艳，李晓彤，等．青少年体力活动问卷（PAQ-A）中文版的修订及信效度研究［J］．北京体育大学学报，2015（5）．

　　［42］于洋．实现体育强国战略目标的基本问题探讨［J］．运动，2014（14）：3-4．

　　［43］梁枢，路燕．论我国的体育强国战略及其模型构建［J］．吉林体育学院学报，2013，29（03）：6-10．

　　［44］毛亚杰．大学生健康教育［M］．北京：北京理工大学出版

社，2014.

［45］钟燕．儿童青少年的躯体发育特征与营养需求［J］．中国儿童保健杂志，2014，22（11）：1124-1125，1129.

［46］李建臣，任保国．青少年体能锻炼与体质健康［M］．北京：化学工业出版社，2014.

［47］倪艳秋．青少年体质健康现状及干预对策研究［D］．烟台：鲁东大学，2013.

［48］冯晓玲．我国青少年身体素质下降的成因分析与对策研究［D］．北京体育大学，2012.

［49］夏青．中小学体育教学现状及发展对策的研究［J］．科技资讯，2018，16（06）：247-248，250.

［50］黄敬亭．健康教育学［M］．上海：复旦大学出版社，2006.

［51］Bruce G，Kenneth R M，Monica L W. Behavior theory in health promotion practice and research［M］．Boston：Jones and Bartlett Publishers，Inc.，2011.

［52］Cai Y，Zhu X，Wu X. Overweight，obesity，and screen-time viewing among Chinese school-aged children：national prevalence estimates from the 2016 Physical Activity and Fitness in China—the Youth Study［J］．Journal of Sport and Health Science，2017（4）.

［53］Caldwell AE. Human physical fitness and activity［M］．Switzerland：Springer International Publisher，2016.

［54］Centers for disease contr01. Vital signs：obesity among low-income，preschool-aged children-United States，2008-2011［R］．Morbidity and Mortality Weekly Report，2013（31）.

［55］Chao Wang，Pei jie Chen，J ie Zhuang. A national survey of physical activity and sedentary behavior of Chinese city children and youthusing accelerometers［J］．Research Quarterly for Exercise&Sport，2013（S2）.

［56］ChenP. Physical activity，physical fitness，and body mass index in the Chinese child and adolescent populations：an update from the 2016 Physical Activity and Fitness in China-The Youth Study［J］．Journal of Sport and Health Science，2017（4）.

［57］ VanPoppel M N M, Chinapaw M J M, Mokkink L B, et al. Physicalactivity questionnaires for youth: a systematic review of measurement-properties ［J］. Sports Medicine, 2010 (7) .

［58］ Colley R C, Brownrigg M, Tremblay M S. A model of knowledge translation in health: The Active Healthy Kids Canada Report Card on Physical Activity for Children and Youth ［J］. Health Promotion Practice。2012. 13 (3) .

［59］ FREEDMAN D S, DIETZ W H, SRINIVASAN S R, et al. The relation of overweight to cardiovascular risk factors among children and adolescents: the Bogalusa Heart Study ［J］. PEDIATRICS Vol, 1999, 103 (6): 1175 -1182.

［60］ GODIN G, SHEPHARD R J. Godin leisure-time exercise questionnaire ［J］. Med. Sci. Sports Exerc, 1997, 29 (6): 36-38.

［61］ HEATH G W, PATE R R, PRATI´M. Youth risk behavior survey ［J］. Med. Sci. Sports Exerc, 1997, 29 (6): 201-205.